O Filho
do homem

A. W. Tozer

O Filho do homem

—

Um relato incomparável da divindade

—

Vida

EDITORA VIDA
Rua Conde de Sarzedas, 246 – Liberdade
CEP 01512-070 – São Paulo, SP
Tel.: 0 xx 11 2618 7000
atendimento@editoravida.com.br
www.editoravida.com.br

©1982, 1992, The Moody Bible Institute of Chicago
Originalmente publicado nos EUA com
o título *Christ the Eternal Son*
Copyright da edição brasileira ©2021, Editora Vida
Edição publicada com permissão contratual da
MOODY PUBLISHERS (Chicago, IL, EUA)

■

*Todos os direitos desta obra reservados
por Editora Vida.*

Proibida a reprodução por quaisquer
meios, salvo em breves citações,
com indicação da fonte.

Todos os grifos são do autor.

■

Scripture quotations taken from Bíblia Sagrada,
Nova Versão Internacional, NVI ®.
Copyright © 1993, 2000, 2011 Biblica Inc.
Used by permission.
All rights reserved worldwide.
Edição publicada por Editora Vida,
salvo indicação em contrário.

Editor responsável: Gisele Romão da Cruz
Editor-assistente: Amanda Santos
Tradução: Maria Emília de Oliveira
Revisão de tradução: Josemar de Souza Pinto
Revisão de provas: Andrea Fílatro
Diagramação: Claudia Fatel Lino
Capa: Arte Vida

Todas as citações bíblicas e de terceiros foram
adaptadas segundo o Acordo Ortográfico da
Língua Portuguesa, assinado em 1990,
em vigor desde janeiro de 2009.

1. edição: jun. 2021

Dados Internacionais de Catalogação na Publicação (CIP)
(Câmara Brasileira do Livro, SP, Brasil)

Tozer, A. W.,
    O filho do homem / A. W. Tozer ; tradução Maria Emília de Oliveira. – 1. ed.
– São Paulo : Editora Vida, 2021.

    Título original: *Christ the Eternal Son*
    ISBN 978-65-5584-213-5

    1. Bíblia N.T. Evangelho de João 2. Cristianismo 3. Fé 4. Jesus Cristo 5.
Literatura devocional 6. Moral cristã I. Título..

21-63214   CDD-226.506

Índices para catálogo sistemático:
1. Evangelho de João : Crítica e interpretação 226.506
Aline Graziele Benitez - Bibliotecária - CRB-1/3129

Sumário

Prefácio 7

Introdução – Reflexões sobre o misticismo de João, o apóstolo 9

1. Grande é o mistério 13

2. Deus manifesto na carne 23

3. O Deus autoexistente 35

4. A eternidade no coração do homem 47

5. O plano redentor 61

6. Amor divino que se tornou carne 77

7. A intenção divina 93

8. A atribuição divina 109

9. A essência da fé 125

10. O dom da vida eterna 141

Prefácio

Se houve um motivo para o dr. A. W. Tozer se impacientar com seus companheiros cristãos durante toda a sua vida foi porque eles demostravam muito pouca inclinação para pensar, ponderar e meditar na eternidade!

No sermão que compõe o primeiro capítulo deste livro, o dr. Tozer estava, aparentemente, repreendendo seus ouvintes, quando disse: "Se vocês não se dedicam a mergulhar na meditação profunda, talvez isso não pareça tão surpreendente, mas, se costumam dedicar-se a reflexões e ponderações frequentes, ficarão espantados com a ponte do grande abismo entre Deus e não Deus".

Posteriormente, ele complementou a respeito de sua prática de meditação, quando disse: "Admito que gosto de sonhar e concentrar os pensamentos em épocas remotas".

No terceiro capítulo, ao falar de sensibilidade à verdade divina, o dr. Tozer disse: "Precisamos meditar na natureza eterna de Deus a fim de adorar como se deve".

Em seguida, acrescentou, repreendendo abertamente esta época: "Agora, se você tem uma daquelas mentalidades de ratoeira, que abre e fecha, dirá de vez em quando: 'É tudo muito simples — esse é o atributo de Deus chamado eternidade. Vocês o encontrarão na nota de rodapé da página tal da teologia sistemática de fulano de tal. Agora vamos sair e tomar um refrigerante'".

Nestes capítulos, você encontrará também a confissão do dr. Tozer sobre sua "filosofia espiritual" básica. É simplesmente esta: "Tudo está errado até Jesus endireitar!".

INTRODUÇÃO

Reflexões sobre o misticismo de João, o apóstolo

Creio que já antecipei que seria um prazer expor este belo e sublime evangelho de João. No entanto, devo confessar que, durante a preparação e estudo, uma sensação de inadequação tomou conta de mim — uma sensação de inadequação tão estarrecedora, quase paralisante, que, neste momento, não sou capaz de dizer que é um prazer pregar. Talvez seja esse o modo que Deus utiliza para reduzir a carne ao mínimo e dar ao Espírito Santo a melhor oportunidade possível de realizar sua obra eterna. Receio que, às vezes, nossa eloquência e conceitos interfiram, porque a capacidade ilimitada de falar o tempo todo sobre religião é uma bênção questionável.

A. T. Robertson, um dos grandes expositores bíblicos do passado, oferece-nos esta rápida análise do evangelho de João:

> "O teste do tempo reconhece como vencedor o quarto evangelho acima de todos os livros do mundo. Se o evangelho de Lucas é o mais belo, o evangelho de João é superior em altura, profundidade e alcance do pensamento.
>
> "A imagem de Cristo aqui descrita tomou conta da mente e do coração da humanidade. A linguagem desse evangelho tem a transparência de uma fonte, mas não somos capazes de sondar suas profundezas. Lucidez e profundidade — ou seja, é tão clara que é possível ver através dela; mas tão profunda que não se pode ver claramente através dela".

O FILHO DO HOMEM

Penso que se trata de uma afirmação maravilhosa.

Ora, esse João que nos apresentou esse evangelho é certamente o místico do Novo Testamento. No começo, eu disse que esse João era o místico do Novo Testamento, mas precisamos ser muito cautelosos para não colocar um *era* onde Deus coloca um *é*, porque não há pretéritos com os filhos de Deus. Jesus defendeu a imortalidade com base no fato de que Deus não é o Deus dos mortos, mas dos vivos, porque os mortos são coisas passadas.

Quando falamos de um homem morto, dizemos *era* ou *foi*, mas, quando falamos de um homem vivo, dizemos *é*. Portanto, na verdade, não é teologicamente correto dizer que João foi o místico do Novo Testamento. Ao contrário, dizemos que João é o místico do Novo Testamento, assim como Paulo é o teólogo do Novo Testamento.

No entanto, essa ideia agrupa naturalmente duas palavras intimamente relacionadas: "misticismo" e "teologia". Menciono essas duas palavras aqui porque na mente de algumas pessoas existe a ideia de que há uma contradição entre misticismo e teologia, entre o místico e o teólogo.

O místico adquiriu, de certa forma, uma reputação duvidosa, ou melhor, uma reputação duvidosa lhe foi atribuída. É por isso que muitas pessoas acham que precisam afastar-se de alguém que dizem ser místico.

João, porém, é o místico do Novo Testamento, assim como Paulo é o teólogo — e quero que você saiba e entenda que na teologia de Paulo há muito misticismo e, no misticismo de João, muita teologia.

Portanto, ao reconhecer isso, não temos uma contradição. Temos um complementando e suplementando o outro.

O homem Paulo possuía um intelecto inusitado, e Deus pôde derramar em sua grandiosa mente e grandioso espírito as grandiosas doutrinas básicas do Novo Testamento. Para os propósitos de Deus, Paulo conseguiu, então, refletir e ponderar nelas e considerá-las de modo lógico; assim, ele mantém a reputação de teólogo.

No entanto, na mente de João, Deus encontrou algo totalmente diferente — encontrou um gavião-real que queria sentar-se na janela e sentir o sopro do vento. Deus considerou que João possuía um instinto de pássaro que queria levantar voo o tempo todo.

Assim, Deus permitiu que João, com base nas mesmas premissas do teólogo Paulo, subisse, voasse e cantasse.

Shakespeare, em um de seus sonetos, desenhou essa descrição em palavras:

> Como a cotovia ao romper do dia,
> Levantando voo da terra sombria,
> Canta hinos à porta do céu.

Algumas pessoas, depois de lerem esse evangelho, dizem: "João era". Mas João *é*, ainda é como a cotovia que levanta voo ao romper do dia e, sacudindo as asas para eliminar o orvalho de suas penas, voa em direção à porta do céu, cantando, cantando. Na verdade, João não voa mais alto que Paulo, mas canta com um pouco mais de doçura e consegue atrair nossa atenção com mais rapidez.

Portanto, no Novo Testamento, Paulo é o teólogo que assenta os alicerces com firmeza, e João sobe no parapeito, bate as asas e voa. É por isso que se torna muito difícil pregar das alturas onde João se encontra.

O FILHO DO HOMEM

Paulo e João não se contradizem; não eliminam um ao outro. Complementam-se de tal forma que podemos descrever essa complementação dizendo que Paulo é o instrumento, e João, a música que o instrumento produz.

João oferece-nos uma bela descrição do Cristo eterno, começando com aquelas palavras firmes. *No princípio...* E é aí que o cristianismo começa: não com Buda nem com Maomé; não com Joseph A. Smith[1] nem com a sra. Mary Baker Eddy;[2] não com o Pai Divino[3] nem com Madame Blavatsky.[4] Todos esses e muitos outros semelhantes a eles tiveram um começo e todos tiveram um fim.

Nossa vida cristã começa com Cristo, que não teve começo e nunca terá fim, ou seja, ele é a Palavra que estava com o Pai no começo, a Palavra que era Deus e a Palavra que é Deus!

A. W. Tozer

---

[1] Fundador e primeiro presidente da Igreja de Jesus Cristo dos Santos dos Últimos Dias (1805-1844). [N. do T.]

[2] Criadora da Ciência Cristã, em 1866 (1821-1910). [N. do T.]

[3] Conhecido como Reverendo M. J. Divine (1876-1965). Líder espiritual afro-americano. [N. do T.]

[4] Helena Blavatsky (1831-1891). Escritora russa e fundadora da Sociedade Teosófica. [N. do T.]

CAPÍTULO 1

Grande é o mistério

[...] *a Palavra tornou-se carne e viveu entre nós* [...]. (João 1.14)

Nenhum de nós pode desenvolver um estudo e uma consideração séria da natureza eterna e da pessoa de Jesus Cristo sem sentir e confessar nossa completa incapacidade diante da revelação divina.

Muito tempo atrás, o escritor Milton teve a coragem e a imaginação de escolher *Paraíso perdido e Paraíso reconquistado* como tema de sua excelente obra literária, detalhando a varredura completa desde o amanhecer sombrio do vazio do nada até o triunfo de Cristo após sua ressurreição.

Ao começar sua obra, Milton disse que ia voar "acima da montanha Aônia e justificar os caminhos de Deus aos homens". Quando lemos a literatura de Milton, ficamos surpresos ao ver que ele realizou grande parte do que se propôs a fazer.

Um crítico literário, ao comparar Milton com Shakespeare, comentou certa vez que a imaginação e a inteligência de Shakespeare eram tão maiores que as de Milton que ele se limitou a assuntos de menor importância e a partes curtas da História. Na opinião do crítico, se Shakespeare tivesse tentado algo tão vasto quanto a obra de Milton, ele teria morrido de pletora de pensamentos — tal vastidão teria exigido tanto do homem que sua mente teria explodido.

Essa foi a opinião de um homem, e eu a introduzi por causa da sensação de incapacidade que toma conta de nós até em nossas moderadas tentativas de descobrir e expor as verdades eternas que encontramos dentro da revelação de Deus ao homem.

Pense no lugar aonde o apóstolo João nos conduz, levando-nos para o alto e para dentro da Divindade, um lugar aonde nenhum Milton poderia ir e certamente nenhum Shakespeare secular jamais poderia chegar. João nos apresenta as esferas e círculos da divindade, tão altos, tão elevados e tão nobres que, se o acompanhássemos, certamente morreríamos no caminho.

O que devemos, então, fazer?

A única esperança que temos é caminhar com as pernas curtas e os passos vacilantes de uma criança e contemplar o céu com admiração, como um ganso cujas asas foram cortadas, mas cujo coração está no céu. Suas asas não o levarão até lá.

No entanto, eu disse tudo isso porque minha fé, por maior que seja, e minhas expectativas, por mais altas que sejam, não me permitem acreditar que posso fazer justiça a um texto que começa assim: "Aquele que é a Palavra tornou-se carne e viveu entre nós" (João 1.14a) e conclui assim: "Ninguém jamais viu a Deus, mas o Deus Unigênito, que está junto do Pai, o tornou conhecido" (v. 18).

É o que tentaremos fazer: caminharemos ao longo da imensa praia de Deus e pegaremos uma concha aqui e uma concha ali, segurando cada uma contra a luz para admirar sua beleza. Embora possamos, por fim, ter uma pequena quantidade de conchas para levar conosco, elas apenas nos farão lembrar da verdade e do fato de que lá se estende a vastidão da praia ao redor das orlas dos oceanos e que, enterrado lá, ainda há muito mais do que podemos esperar, encontrar ou ver!

Sim, lemos que *a Palavra tornou-se carne*. Posso dizer que dentro da declaração dessas poucas e simples palavras encontra-se o mais profundo dos mistérios do pensamento humano.

Os pensadores são rápidos para perguntar: "Como a divindade poderia atravessar o imenso abismo escancarado que separa o que é Deus daquilo que não é Deus?". Talvez você me confesse que no Universo há, na verdade, somente duas coisas: Deus e não Deus — aquilo que é Deus e aquilo que não é Deus.

Ninguém poderia ter feito Deus, mas Deus, o Criador, fez todas aquelas coisas no Universo que não são Deus.

Então, o abismo que separa o Criador da criatura, o abismo entre o ser que chamamos de Deus e todos os outros seres, é um abismo enorme, vasto e escancarado.

Construindo uma ponte sobre o abismo

O modo com que Deus construiu uma ponte sobre esse imenso abismo é, de fato, um dos mistérios mais profundos e sombrios aos quais o pensamento humano pode ser direcionado.

Como Deus conseguiu unir o Criador à criatura?

Se vocês não se dedicam a mergulhar na meditação profunda, talvez isso não pareça tão surpreendente, mas, se costumam dedicar-se a reflexões e ponderações frequentes, ficarão espantados com a ponte do imenso abismo entre Deus e não Deus.

Devemos lembrar que os próprios arcanjos e os serafins e querubins que protegem as pedras de fogo não são Deus.

Lemos a Bíblia e descobrimos que o homem não é a única ordem dos seres criados. No entanto, o homem, em seu orgulho pecaminoso, escolhe acreditar que é essa única ordem.

O FILHO DO HOMEM

Alguns cristãos e a humanidade em geral recusam-se tolamente a acreditar na realidade dos seres angélicos. Tenho conversado com muitas pessoas que pensam nos anjos como se fossem Papais Noéis de asas!

Muitos dizem que não acreditam nas ordens criadas dos querubins e serafins ou dos vigilantes ou santos, ou em quaisquer principados e poderes estranhos que transitam pelas passagens da Bíblia de modo tão misterioso e reluzente. Seja como for, geralmente não acreditamos neles tanto quanto deveríamos.

Podemos não acreditar neles, irmãos, mas eles existem! O ser humano é apenas uma ordem dos seres ou criaturas de Deus. Então, perguntamos: "Como o Infinito pôde tornar-se finito? E como o Ilimitado pôde, deliberadamente, impor limitações a si próprio? Por que Deus deveria favorecer uma ordem de seres em detrimento da outra em sua revelação?"

Lemos em Hebreus, para nosso espanto, que Deus não socorre anjos, mas socorre a descendência de Abraão.

Ora, Abraão certamente não era igual a um anjo.

Em nossa imaginação, Deus desceria o mínimo possível. Em nossa imaginação, ele desceria até o ponto de chegar à ordem dos anjos ou dos serafins. Mas não, ele desceu até o ponto de chegar à ordem mais baixa de todas e assumiu a natureza de Abraão, a descendência de Abraão.

A essa altura, o apóstolo Paulo levanta as mãos, totalmente maravilhado. Paulo, considerado uma das seis pessoas mais inteligentes de todos os tempos, levanta as mãos e declara que "é grande o mistério da piedade" (1Timóteo 3.16), o mistério de Deus manifestar-se em forma humana.

Talvez, para todos nós, este seja o modo mais apropriado de abordarmos o assunto: levantar as mãos e dizer: "Oh, Senhor, só tu sabes!". Há muito mais coisas no céu e na terra que nossa teologia conhece; portanto, no sentido mais profundo, tudo é mistério.

Gostaria de citar a essência do que John Wesley disse a respeito do ato eterno e misterioso de Deus ao descer ao tabernáculo com os homens.

Wesley declarou que devemos fazer uma distinção entre o ato e o método pelo qual o ato é realizado e aconselhou que não devemos rejeitar um fato só porque não sabemos como foi feito. Considero muito sábias essas palavras!

Penso também que é muito apropriado entrarmos na presença de Deus reverentemente, curvando a cabeça, cantando louvores a ele e reconhecendo seus atos amorosos em nosso favor, mesmo que seja com nossas palavras: "É verdade, ó Deus, apesar de não sabermos nem entendermos como fizeste tudo isto acontecer!".

Não rejeitaremos o fato só porque desconhecemos o modo como foi criado.

Até que ponto, então, podemos conhecer esse grande mistério?

Certamente podemos ao menos ter uma certeza: a encarnação não exigiu nenhuma concessão da divindade. Devemos sempre lembrar que quando Deus se tornou carne não houve nenhuma concessão da parte dele.

No passado, os deuses míticos das nações não tinham problemas com transigências. Os deuses romanos, os deuses da Grécia e as lendas escandinavas eram deuses que podiam transigir facilmente e quase sempre faziam isso nos contos de tradição mítica.

Nenhuma concessão

No entanto, o Deus santo que é Deus, e tudo mais que é não Deus, o nosso Pai que está no céu, nunca transigiu. A Encarnação, a Palavra que se tornou carne, foi realizada sem nenhuma concessão da santa divindade. O Deus vivo não se degradou com essa condescendência. Não se deixou, em nenhum sentido, ser menos que Deus. Ele permaneceu para sempre Deus, e todo o resto permaneceu não Deus. O abismo ainda existia mesmo depois que Jesus Cristo se fez homem e viveu entre nós. Em vez de Deus degradar-se quando se tornou homem, ele elevou a humanidade à sua altura mediante o ato da encarnação.

O credo de Atanásio deixa claro que os pais da igreja primitiva foram cautelosos nesse ponto da doutrina. Não nos permitiram crer que Deus, na encarnação, se tornou carne por decair da divindade para a carne, mas, antes, por elevar a humanidade a Deus.

Assim, não degradamos Deus, mas elevamos o homem — e essa é a maravilha da redenção!

Então, há também outra coisa que podemos saber com certeza a respeito dos atos de Deus: ele nunca volta atrás em seu acordo. Essa união do homem com Deus é efetiva e perpétua!

No sentido no qual temos considerado, Deus nunca pode cessar de ser homem, porque a segunda Pessoa da Trindade não pode jamais se desencarnar. A encarnação é um fato que dura para sempre, e "a Palavra tornou-se carne e viveu entre nós" (João 1.14).

Neste ponto, devemos voltar o pensamento para aqueles primeiros dias da história do homem, porque, depois ter criado Adão, sabemos que o Criador conversava com homens.

Folheei um livro intitulado *Earth's Earliest Ages* [Eras primitivas da Terra]. Não vou dizer que o li porque concluí rapidamente que o autor parece acreditar que sabe mais sobre o período antediluviano que Moisés. Quando descubro um homem que diz saber mais que Moisés sobre um assunto no qual Moisés é especialista, deixo o livro de lado.

Admito que gosto de sonhar e concentrar os pensamentos em épocas remotas. Sinto-me sempre fascinado pela passagem de Gênesis que narra que Deus veio e andou pelo jardim quando soprava a brisa do dia, chamando Adão. Mas Adão não estava lá.

Ao ler esse relato, penso que não estamos supondo que o encontro de Deus com Adão dessa maneira fosse um costume comum naquela época. Não somos informados de que esta foi a primeira vez que Deus veio andar com Adão em meio ao cântico dos pássaros sob a luz enfraquecida do dia.

Deus e o homem andavam juntos e não havia nenhuma degradação na conversa do Criador com o homem porque ele havia criado o homem à sua imagem.

Agora, porém, Adão está escondido. Orgulho e desobediência, dúvida e fracasso na prova — o pecado desfez a comunhão e a fraternidade entre o Criador e a criatura. O Deus santo rejeita o homem pecador. Expulsa-o do jardim e coloca uma espada flamejante para impedir que ele retorne.

Presença perdida

Adão perdeu a presença do Deus Criador, e nos registros bíblicos dos tempos que se seguiram Deus nunca mais habitou com os homens da mesma maneira.

O FILHO DO HOMEM

Para os israelitas, Deus habitava no *Shekinah*, escondido no fogo e na nuvem. De vez em quando ele aparecia de uma forma à qual os teólogos dão o nome de teofania, uma aparição da Divindade. Deus podia falar rapidamente com o homem como fez com Abraão na porta da tenda ou com Gideão na eira. A presença de Deus não era prolongada; sua aparição era sempre cautelosa e oculta.

Mesmo quando Deus se mostrou a Moisés, foi no fogo da sarça em chamas ou enquanto Moisés estava escondido na fenda da rocha. Os olhos do homem caído, pecador, não eram mais capazes de suportar a majestade radiante e a glória da divindade.

Então, na plenitude do tempo, Deus veio novamente aos homens, porque "a Palavra tornou-se carne e viveu entre nós".

Ele foi chamado de Emanuel, que significa Deus conosco. Na primeira vinda de Jesus, o Cristo, Deus veio habitar pessoalmente com os homens mais uma vez.

Tenho de informar-lhe que não sou um pregador habituado a usar preposições, mas a esta altura precisamos observar três preposições que se relacionam com a vinda de Jesus, Deus vindo em forma de homem.

Jesus veio para viver *com* o homem. Veio para unir-se *ao* homem. E veio, em última análise, para viver *no* homem para sempre. Portanto, é com o homem, ao homem e no homem que ele veio viver.

Observo sempre um pequeno sorriso de frustração dos tradutores quando deparam com passagens como "Ninguém jamais viu a Deus, mas o Deus Unigênito, que está junto do Pai, o tornou conhecido" (João 1.18).

A Palavra de Deus é grande demais para os tradutores. Eles deparam com esta expressão no grego: *O Filho o tornou conhecido.* No inglês da *Versão King James* consta somente *declarou* em lugar de "tornou conhecido". Em outras versões, os tradutores rodeiam, contornam e especulam. Usam duas ou três palavras e depois voltam a uma só. Esforçam-se ao máximo para tentar expressar o que o Espírito Santo disse, mas desistem. Nossa língua não exprime totalmente o que ele disse.

Mesmo quando usamos todas as palavras e sinônimos ainda não conseguimos expressar tudo o que Deus revelou ao dizer: "Ninguém jamais viu a Deus, mas, quando Jesus Cristo veio, ele nos mostrou como é Deus" (paráfrase de João 1.18). Suponho que nossa linguagem simples e cotidiana seja tão boa quanto qualquer outra.

"Ele o revelou — Ele nos mostrou como Deus é!" Ele o declarou. Ele o expôs. Ele o revelou. E assim os tradutores mudam sua linguagem tentando descobrir esse milagre maravilhoso do significado das palavras.

No entanto, aquele homem que andava na Galileia era Deus atuando como Deus. Era Deus, limitado deliberadamente, tendo atravessado o abismo imenso e misterioso entre Deus e não Deus; Deus e a criatura. Nunca homem algum viu a Deus.

"[...] mas o Deus Unigênito, que está junto do Pai" (João 1.18). Você notou que o texto não diz *estava*? Nem diz que o Filho *estará* junto do Pai. Ele *está* junto do Pai. A afirmação é feita no tempo presente, o tempo verbal perpétuo; o tempo contínuo. Penso que seja esse o nome que os gramáticos lhe dão. É a linguagem da continuidade.

Portanto, quando foi pendurado na cruz, Jesus não saiu de perto do Pai.

E você me perguntará: "Sr. Tozer, se isso for verdade, por que o nosso Senhor Jesus bradou em alta voz: 'Meu Deus! Meu Deus! Por que me abandonaste?'" (Marcos 15.34). Ele estava com medo? Estava enganado? Nunca, jamais!

A resposta deve ser muito evidente para nós que o amamos e o servimos.

Divindade nunca dividida

Mesmo quando Cristo Jesus morreu pela humanidade, mesmo quando morreu naquela cruz profana e infestada de moscas, ele nunca dividiu a Divindade. Como afirmaram os antigos teólogos, não se pode dividir a substância. Nem todas as espadas de Nero poderiam jamais atravessar a substância da Divindade para separar o Pai do Filho.

Foi o filho de Maria que clamou: "[...] Porque me abandonaste?".

Foi o corpo humano que Deus lhe dera.

Foi o sacrifício que clamou, o cordeiro prestes a morrer.

Foi o Jesus humano. Foi o Filho do homem que clamou.

Creia que a eterna e atemporal Deidade nunca foi separada. Ele continuava junto do Pai quando clamou: "Pai, nas tuas mãos entrego o meu espírito" (Lucas 23.46).

Portanto, a cruz não dividiu a Divindade — nada pode fazer isso. Um para sempre, indivisível, a substância não dividida, três pessoas indivisíveis.

Oh, a maravilha da antiga teologia da Igreja cristã! A esse respeito, conhecemos tão pouco em nossos dias de superficialidade frívola. Deveríamos conhecer mais.

"Ninguém jamais viu a Deus, mas o Deus Unigênito, que está junto do Pai, o tornou conhecido" (João 1.18).

CAPÍTULO 2

Deus manifesto na carne

Aquele que é a Palavra tornou-se carne e viveu entre nós. Vimos a sua glória [...] como do Unigênito vindo do Pai, cheio de graça e de verdade. (João 1.14)

Alexander Patterson escreveu, muitos anos atrás, um livro excelente e fascinante intitulado *The Greater Life and Work of Christ* [A vida e a obra mais amplas de Cristo]. Penso que está esgotado há alguns anos, mas merece ser reimpresso. Nesse livro, o grande pregador tenta voltar ao fundamento básico das coisas e encorajar o cristão a acreditar, confiar e exaltar Jesus Cristo por ele ser muito mais que o Redentor da humanidade.

Concordo plenamente com o autor que Cristo Jesus não é apenas Redentor. Ele é o Sustentador, o Criador, o Defensor, aquele que mantém unidas todas as coisas, o elemento adesivo do Universo. Para os que creem, Cristo Jesus é o agente por meio do qual Deus dispensa graça a todas as suas criaturas, incluindo aquelas que serão redimidas e aquelas que não necessitam ser redimidas.

É verdade que há ordens acima de ordens e categorias acima de categorias de criaturas que não necessitam ser redimidas. No entanto, também é verdade que elas vivem pela graça da mesma forma que o maior pecador que se converteu.

Por meio do apóstolo João, o Espírito Santo conta-nos que o Filho eterno, a Palavra que se tornou carne, é cheio de graça e de verdade.

Tudo pela graça

Lembremo-nos disto: tudo o que Deus faz é pela graça, porque nenhum homem, nenhuma criatura, nenhum ser é merecedor de coisa alguma. A salvação é pela graça. A criação é pela graça — tudo o que Deus faz é pela graça, e cada ser humano recebeu de sua plenitude.

Essa graça infinita precisa agir sempre que aquilo que é não Deus invoca aquilo que é Deus; sempre que a voz da criatura atravessa o imenso abismo até chegar aos ouvidos do Criador.

Como os anjos receberam suas asas amplas?

Pela graça de Deus.

Como os principados e poderes, as fileiras e as colunas de criaturas reluzentes que aparecem nas páginas da Bíblia receberam o que possuem?

Pela graça sobre graça de Deus.

Nesse contexto, atrevo-me a perguntar: o que você recebeu da graça e misericórdia de Deus?

Mesmo que ainda não seja convertido e não tenha seguido o seu caminho, você recebeu grande parte do oceano da plenitude de Deus. Recebeu a vida que palpita em seu peito. Recebeu mente e cérebro magníficos, alojados dentro da caixa protetora de seu crânio. Recebeu uma memória que enfileira os eventos que você estima e ama como um colar de pérolas pendurado no pescoço e guarda-os consigo nesta vida e após esta vida.

Tudo o que você possui procede da graça de Deus. Jesus Cristo, a Palavra eterna, que se tornou carne e viveu entre nós, é o canal aberto por meio do qual Deus transita para entregar todos os benefícios que ele oferece aos santos e pecadores.

E quanto aos anos, ao restante de sua existência? Você não pode acreditar que conquistou isso. Não pode acreditar que isso se relacione com o fato de você ser uma pessoa boa ou má. Confesse que é pela graça de Deus, porque o Universo inteiro é beneficiário da graça e da bondade de Deus.

No capítulo 5 de Apocalipse, João testemunha todo o Universo se unindo para louvar o Cordeiro que foi morto. Debaixo da terra, em cima da terra e acima da terra, João ouviu criaturas louvando a Jesus Cristo, todos formando um grande coral, que cantava em alta voz:

"Digno é o Cordeiro
que foi morto
de receber poder, riqueza,
sabedoria, força,
honra, glória e louvor!"

Depois ouvi todas as criaturas existentes no céu, na terra, debaixo da terra e no mar, e tudo o que neles há, que diziam:
"Àquele que está assentado
no trono
e ao Cordeiro
sejam o louvor, a honra,
a glória e o poder,
para todo o sempre!" (v. 12,13).

Sim, certamente o Universo inteiro é beneficiário da rica graça de Deus em Jesus Cristo.

Quando testemunhamos fielmente e apresentamos Cristo aos homens e às mulheres de nossos dias como Senhor e Salvador, devemos lembrar que eles já estão recebendo os benefícios da graça, e estamos apenas apresentando Jesus Cristo a eles com uma nova atribuição — a de Redentor.

Quando dizemos a um incrédulo: "Creia no Senhor Jesus Cristo", estamos, na verdade, dizendo a ele: "Creia naquele que o sustenta e o defende, naquele que lhe deu vida. Creia naquele que tem piedade de você, que o poupa e o protege. Creia naquele de quem você veio!".

A participação de Jesus em tudo

É verdade que Deus nunca fez nada sem a participação de Jesus Cristo. As estrelas em seus trajetos, as rãs que coaxam na beira do lago, os anjos em cima no céu e os homens embaixo na terra, todos procedem do canal que chamamos de a Palavra eterna. Embora estejamos ocupados apresentando Jesus como Senhor e Salvador, é verdade que todos nós recebemos de sua plenitude.

Algum tempo atrás, escrevi em um editorial referente a Jesus Cristo que não poderia haver Salvação sem Senhorio. Não foi uma ideia minha, porque creio que a Bíblia ensina claramente que Jesus Cristo é Senhor e Salvador; que ele é Senhor antes de ser Salvador, e que, se ele não é Senhor, não é Salvador.

Repito: quando apresentamos essa Palavra, a Palavra Eterna que se tornou carne para viver entre nós como Senhor e Salvador, nós a apresentamos também com suas outras atribuições: Criador, Sustentador e Benfeitor.

É o mesmo Senhor Jesus — e dele João faz o registro fiel: "A graça e a verdade vieram por intermédio de Jesus Cristo" (João 1.17b).

Penso que todos nós concordamos que a Lei foi dada por Moisés, e, a esta altura, não estou fazendo nenhum contraste entre o Antigo e o Novo Testamentos. Qualquer posição teológica que coloque um Testamento da Bíblia contra o outro certamente provém de uma falsa teoria.

A ideia de que o Antigo Testamento é o livro da Lei e que o Novo Testamento é o livro da Graça baseia-se em uma teoria totalmente falsa.

Há, com certeza, tanta graça, misericórdia e amor no Antigo Testamento quanto no Novo. Há mais referência sobre o inferno, mais sobre julgamento e mais sobre a fúria de Deus queimando os pecadores com fogo no Novo Testamento que no Antigo.

Se você gosta de linguagem acusadora e punitiva que arranca a pele, forma bolhas e queima, não leia Jeremias e os antigos profetas — ouça as palavras de Jesus Cristo!

Oh, devemos dizer estas palavras com muita frequência: o Deus do Antigo Testamento é o Deus do Novo Testamento. O Pai no Antigo Testamento é o Pai no Novo Testamento.

Além do mais, o Cristo que se tornou carne para viver entre nós é o Cristo que caminhou por todas as páginas do Antigo Testamento.

Foi a Lei que perdoou Davi quando ele cometeu grandes pecados?

Não, foi a graça revelada no Antigo Testamento.

Foi a graça que disse que a Babilônia caiu, que a grande Babilônia prostituta caiu, que a Babilônia caiu? (paráfrase de Apocalipse 18.2).

Não, foi a lei expressa no Novo Testamento.

Certamente não há essa grande diferença e contraste entre o Antigo e o Novo Testamentos que muitas pessoas parecem supor. Deus nunca coloca o Pai contra o Filho. Nunca coloca o Antigo Testamento contra o Novo.

O único contraste aqui é entre tudo o que Moisés pôde fazer e tudo o que Jesus Cristo pode fazer. A Lei foi dada por Moisés — era tudo o que Moisés podia fazer. Moisés não foi o canal por intermédio do qual Deus concedeu sua graça. Deus escolheu seu Filho Unigênito como canal para sua graça e verdade, porque João testemunha que a graça e a verdade vieram por meio de Jesus Cristo.

Tudo o que Moisés pôde fazer foi ordenar justiça. Em contraste, somente Jesus Cristo produz justiça. Tudo o que Moisés pôde fazer foi proibir-nos de pecar. Em contraste, Jesus Cristo veio para salvar-nos do pecado.

Moisés não podia salvar, mas Jesus Cristo é Senhor e Salvador.

A graça veio por intermédio de Jesus Cristo antes de Maria chorar junto à manjedoura em Belém.

Foi a graça de Deus em Cristo que salvou a raça humana da extinção quando nossos primeiros pais pecaram no jardim.

Foi a graça de Deus em Jesus Cristo, que ainda não havia nascido, que salvou as oito pessoas quando o Dilúvio cobriu a terra.

Foi a graça de Deus em Jesus Cristo, que ainda não havia nascido, mas que existia na glória do período anterior à encarnação, que perdoou Davi quando ele pecou, que perdoou Abraão quando ele mentiu. Foi a graça de Deus que capacitou Abraão a orar a Deus por dez pessoas quando o Senhor estava ameaçando destruir Sodoma.

Deus perdoou Israel repetidas vezes. Foi a graça de Deus em Cristo, antes da encarnação, que fez Deus dizer: "Levantei-me logo cedo e estendi as minhas mãos a vocês!".

O apóstolo João fala também a todos nós quando escreve sobre o Filho eterno e lembra-nos de que *vimos a sua glória*. É correto perguntarmos: "Que glória foi essa? Foi a glória das obras de Cristo?". Jesus não era apenas alguém que realizava obras — ele era um excelente realizador de obras.

Cada parte da natureza teve de render-se a ele e à sua autoridade.

Cristo transformou a água em vinho, e muitas pessoas não entendem seu poder e sua autoridade e questionam a diferença entre suco de uva e vinho. Pouco importa. Ele transformou a água em vinho. Foi um milagre.

Quando nosso Senhor se aproximou dos enfermos, ele os curou. Quando se aproximou dos endemoninhados, expulsou os demônios. Quando nosso Senhor estava no convés oscilante de um pequeno barco agitado por ventos violentos e ondas gigantescas, ele falou com a água e repreendeu o vento, e houve grande calmaria.

Tudo o que nosso Senhor fez foi importante para revelar sua glória eterna.

Pense na ternura e compaixão do Senhor Jesus quando ele ressuscitou o rapaz prestes a ser sepultado e o devolveu à sua mãe viúva.

Pense na glória de sua ternura quando ele ressuscitou a filha de Jairo e devolveu-a ao amor e ao carinho do pai.

Penso que Jesus deve ter sorrido para aquela menina depois de tê-la chamado do sono da morte para a vida e dito: "Levante-se, filha. Está na hora de ir à escola".

Você chamava seus filhos quando chegava a hora de ir à escola. Tenho certeza de que Jesus usou a mesma linguagem simples e carinhosa.

As obras de nosso Senhor foram sempre admiráveis. Foram sempre obras espetaculares. Gostaríamos de saber se João tinha essas coisas em mente quando disse: "Vimos a sua glória", mas penso que não. Penso que João tinha uma glória muito maior em mente.

Jamais conheceremos todas as obras maravilhosas de cura e misericórdia que Jesus realizou aqui na terra, mas devemos fixar os olhos em sua glória, que foi muito maior que os milagres e prodígios.

O homem é mais importante

Pense em primeiro lugar: aquilo que o homem é sempre é mais importante para Deus do que aquilo que ele faz.

Lembre-se de que, se o homem tivesse a capacidade de sair do lugar e criar pinheiros, lagos e montes e não fosse bom, inteiramente bom, ele não teria valor algum para Deus!

Vamos lembrar também que, se um homem é bom, inteiramente bom, e não possui nenhum poder para realizar um milagre ou uma obra grandiosa, ainda assim ele é um dos tesouros mais valiosos de Deus. Deus escreveu o nome dele em suas mãos porque é a bondade que Deus procura.

Portanto, a própria pessoa e o caráter de Jesus é que foram gloriosos. Não apenas pelo que ele fez, mas pelo que ele foi. O que ele fez foi secundário. O que ele foi em sua pessoa foi primordial.

Irmãos, não pode haver questionamento a respeito da glória de Jesus Cristo. Sua glória reside no fato de que ele foi o perfeito amor em um mundo sem amor; que ele foi a pureza perfeita em um mundo impuro; que ele foi a mansidão perfeita em um mundo cruel e hostil.

Sua glória não tem fim. Ele foi a humildade perfeita em um mundo no qual cada homem buscava benefício próprio. Foi a misericórdia infinita e insondável em um mundo desumano e implacável. Foi a bondade completamente altruísta em um mundo repleto de egoísmo. João diz: "Vimos a sua glória" (1.14). Ele incluiu a devoção imortal de Jesus; a resignação no sofrimento e a vida inextinguível, a graça e a verdade que estavam na Palavra eterna.

Não posso deixar de pensar nisso durante as festividades do Natal e as comemorações que, em geral, visam ao lucro. Por pouco que se saiba sobre os motivos da vinda de Cristo à terra, o mundo pobre e cego não está comemorando a transformação da água em vinho. A comemoração não se refere à cura dos enfermos nem à ressurreição dos mortos. O mundo pobre e cego, com um pouco de instinto religioso, une-se realmente para comemorar o que Jesus foi. Pouco se diz a respeito do que ele fez, mas muito se diz a respeito de quem ele foi.

Alegres, todos se reúnem cantando as canções, e todos nós lemos os editoriais e artigos sobre o fato extraordinário de que era Deus andando entre os homens; de que aqui estava um homem agindo como Deus em meio aos pecadores. Essa é a glória e a maravilha disso tudo.

Essa é a glória divina que as personalidades mais famosas e competentes da terra nunca conseguiram alcançar. Essa é a glória que Alexandre[1] nunca conseguiu alcançar.

Pense em Alexandre por um instante. O menino rebelde, filho de Felipe, esmagou o mundo civilizado sob seus pés,

---

[1] Alexandre, o Grande (356-323 a.C.). [N. do T.]

O FILHO DO HOMEM

conquistando tudo, e depois chorou porque não havia outros mundos para conquistar. Mas Alexandre nunca obteve vitória sobre si mesmo, e a História registra que ele morreu em uma decepcionante devassidão. Alexandre foi um gênio na batalha, mas um bebê mimado em casa.

O brilho

Em contraste, a glória de Jesus Cristo reluz como o brilho do Sol, pois o que ele foi deixou o mundo atônito. O que ele fez foi maravilhoso; o que ele disse e ensinou foi estupendo; mas o que ele foi, a Palavra eterna que se tornou carne, coroou tudo o que ele fez e tudo o que disse.

A Bíblia ensina de modo muito claro e consistente aquilo que João proclama no capítulo 1 de seu evangelho: "Todos recebemos da sua plenitude, graça sobre graça" (1.16).

Nós recebemos de sua plenitude. Isso não significa de modo algum que qualquer um de nós tenha recebido toda a sua plenitude. Significa que Jesus Cristo, o Filho eterno, é o único meio pelo qual Deus concede seus benefícios à sua criação.

Pelo fato de Jesus ser o Filho eterno, de pertencer à geração eterna e ser igual ao Pai no que se refere à sua substância, eternidade, amor, poder, graça, bondade e todos os atributos da divindade, ele é o canal por meio do qual Deus concede todas as suas bênçãos.

Se você pudesse perguntar à corça que caminha silenciosamente à beira do lago para matar a sede: "Você recebeu da plenitude do lago?", a resposta seria: "Sim e não. O lago me abasteceu, mas não recebi da plenitude do lago. Não bebi o lago. Só bebi o que fui capaz de absorver do lago".

Assim, de sua plenitude, da plenitude de Deus, ele nos concedeu graça sobre graça de acordo com nossas necessidades, e tudo isso por intermédio de Jesus Cristo, nosso Senhor. Quando ele fala, quando provê, enquanto nos mantém — é por isso que se pode dizer que ele sustenta todas as coisas pela Palavra de seu poder e que nele todas as coisas se harmonizam.

Ora, há aqui um pensamento que tive outro dia: teria sido muito fácil para Deus amar-nos e nunca ter dito que nos ama. Deus poderia ter tido misericórdia de nós e nunca tê-la revelado. Sabemos que entre os humanos é possível ter um sentimento profundo e não dizer nada a ninguém. É possível ter boas intenções e nunca revelá-las a alguém.

As Escrituras dizem: "Ninguém jamais viu a Deus, mas o Deus Unigênito, que está junto do Pai, o tornou conhecido" (João 1.18).

O Filho eterno veio para contar-nos o que o silêncio nunca nos contou.

Veio para contar-nos o que o próprio Moisés nunca pôde contar-nos.

Veio para contar-nos e mostrar-nos que Deus nos ama e cuida de nós o tempo todo.

Veio para contar-nos a respeito do plano da graça de Deus para nós e que ele está levando a efeito esse plano.

Antes de tudo terminar e ser consumado, haverá uma multidão que nenhum homem será capaz de contar — os redimidos de todas as línguas, tribos e nações.

Foi isso que ele nos contou a respeito de Deus Pai. Deus o apresentou. Deus o revelou — seu ser, seu amor, sua misericórdia, sua graça, sua intenção redentora, sua intenção salvífica.

Ele declarou tudo isso. Deu-nos graça sobre graça. Agora temos apenas de nos curvar, acreditar, aceitar, assumir e acompanhar. Tudo será nosso se aceitarmos, porque *a Palavra tornou-se carne e viveu entre nós*!

CAPÍTULO 3

O Deus autoexistente

No princípio era aquele que é a Palavra. (João 1.1a)

Qualquer homem ou mulher que seja realmente sensível à Verdade divina descobre que há, de fato, um tipo de sufocação espiritual que quase sempre é sentida na tentativa de lutar com os versículos introdutórios do evangelho de João, ou com os versículos introdutórios de Gênesis, a esse respeito.

Nenhum homem é, na verdade, grande o suficiente ou preparado o suficiente em sua fé e experiência para tentar expor essas passagens bíblicas fundamentais aos outros. Nenhum homem deve, na verdade, pregar a respeito da expressão "No princípio...", mas a expressão está aqui e também em nosso ensino.

Fizemos o melhor possível para estudar e aprender, e aqui há certamente uma mensagem profunda e útil para nós, porém continuaremos a ter a sensação, expressa anos atrás pelo poeta, de que "os tolos correm para lugares onde os anjos temem pisar".

Precisamos meditar na natureza eterna de Deus a fim de adorar como se deve. Vocês sabem que costumo referir-me a Frederick William Faber,[1] cujo grande coração adorador mergulhou nesses mistérios durante sua vida no século XIX,

---

[1] Autor de hinos e teólogo inglês. [N. do T.]

O FILHO DO HOMEM

e ele comemorou a visão da autoexistência eterna de Deus
nestas palavras apaixonadas e maravilhosas:

> Pai! O nome mais doce e amado
> Que homens ou anjos conhecem!
> Fonte de vida, que não teve fonte
> Da qual pudesse brotar!
>
> Antes da criação do céu e da terra,
> Quando o tempo ainda era desconhecido,
> Tu, em tua bem-aventurança e majestade,
> Viveste e amaste sozinho.
>
> Tua vastidão não tem idade,
> Tua vida não se desenvolveu;
> Não há tempo capaz de medir teus dias,
> Não há espaço que comporte teu trono.

Irmãos, certamente este deve ser um dos maiores e mais
importantes pensamentos que conhecemos: há um Deus vivo
e eterno com quem nos preocupamos, e reconhecemos que
somente em Deus pode haver existência incausada!

Neste contexto, confesso que sinto uma tristeza a respeito da superficialidade do pensamento cristão em nossos
dias. Muitas pessoas se interessam pela religião como uma
espécie de brinquedo. Se pudéssemos julgar, talvez muitos
homens e mulheres que frequentam a igreja não possuam o
desejo sincero de se envolver com a Divindade. Não vão à
igreja para conhecer Deus e encantar-se com sua presença.
Não vão para ouvir falar do mundo eterno acima de nós!

Certamente deveríamos estar cientes de que tudo ao
nosso redor tem uma causa por trás. Você tem uma causa, e

O Deus autoexistente

eu tenho uma causa. Tudo o que conhecemos é o efeito de alguma causa.

Se pudéssemos entrar em um tipo especial de máquina do tempo, voltar séculos e mais séculos na História, antes do início da Criação, poderíamos chegar ao ponto em que não havia nada, a não ser o próprio Deus! Imaginando que pudéssemos apagar a História e tudo o que existe no Universo, veríamos em Deus uma existência incausada. Deus — autossuficiente, não criado, não nascido, não feito —, Deus sozinho, o Deus vivo, eterno e autoexistente.

Comparado com ele, tudo ao redor de nós neste mundo encolhe em estatura e importância. Tudo é insignificante quando comparado com ele — pequenas igrejas com pequenos pregadores; pequenos autores e pequenos editores; pequenos cantores e pequenos músicos; pequenos diáconos e pequenos oficiais; pequenos educadores e pequenos estadistas; pequenas cidades, pequenos homens e pequenas coisas!

Irmãos, a humanidade vive tão sufocada sob os pequenos grãos de pó que compõem o mundo, o tempo, o espaço e a matéria que temos a tendência de esquecer que, a certa altura, Deus viveu, habitou, existiu e amou sem apoio, sem ajuda e sem criação.

Esse é o Deus incausado e autoexistente!

Esse Deus a quem nos dedicamos nunca precisou receber nada de ninguém. Não há ninguém e não há nada a quem Deus seja, ou tenha sido, devedor.

Algumas pessoas têm a desfaçatez de pensar que estão colaborando com o Deus vivo quando colocam uma nota de 10 dólares na salva aos domingos.

Penso que não é exagero quando digo que alguns de nós colocamos nossa oferta na salva com uma espécie de orgulho triunfante, como que dizendo: "Lá está. Agora Deus vai se sentir melhor!".

Deus não necessita de nada

Pode ser que eu magoe alguns de vocês, mas sou obrigado a dizer que Deus não necessita de nada do que você possui. Não necessita nem de uma moedinha sua. Em questões como essa, é o seu próprio bem-estar que está em jogo. Há um princípio lindo e enriquecedor envolvido ao oferecermos a Deus o que somos e o que temos, mas nenhum de nós está ofertando porque há uma crise econômica no céu.

O ensinamento bíblico é claro: você tem o direito de guardar para si tudo o que possui, mas seus bens materiais vão enferrujar e apodrecer até o ponto de levá-lo à ruína.

Deus disse muito tempo atrás: "Se eu necessitasse de alguma coisa, eu lhes diria?". Se o Deus vivo tivesse necessidade de algo, ele não seria mais Deus.

Portanto, isso foi antes do começo. Estamos preocupados aqui com aquilo que a Bíblia chama de *antes da criação do mundo*.

Sabemos que no princípio *Deus criou*. Somos feitos para entender que Deus não depende de sua criação.

Se necessitasse de ajuda ou força, Deus não seria onipotente e, nesse caso, não seria Deus.

Se necessitasse de conselho e orientação, ele não seria soberano. Se necessitasse de sabedoria, não seria mais onisciente. Se necessitasse de apoio e sustento, não poderia ser autoexistente.

O Deus autoexistente

Assim, no que diz respeito ao homem, houve um começo e houve uma Criação. A expressão "No princípio" não marca a data de nascimento do Deus todo-poderoso. De acordo com o que pensamos, significa que, em determinada ocasião, Deus não quis mais ficar sozinho e começou a fazer o tempo, o espaço, as criaturas e os seres. Mas ainda não estamos preparados para deixar de lado o assunto da pré-criação, antes que os fundamentos da terra fossem assentados, quando Deus vivia sozinho, o Ser não criado; o Pai em um relacionamento de amor com o Filho, e o Filho com o Espírito Santo, e o Espírito Santo com o Pai e o Filho.

Deus é o Deus eterno, vivendo em uma tranquilidade que não teve começo nem pode ter fim.

Ora, você pode notar que não usei a expressão "o vácuo da pré-criação". "Vácuo" é uma palavra boa e útil. Quando não sabemos mais o que dizer, usamos a palavra "vácuo".

No entanto, antes da Criação, Deus estava lá, e Deus não é um vácuo. Ele é o Deus trino e é tudo o que existe. Em sua existência antes da Criação, Deus já estava atarefado; atarefado com as misericórdias eternas, com a mente repleta de pensamentos misericordiosos e planos redentores para uma humanidade ainda não criada.

Este é um momento muito bom para ler Efésios 1.4: "Porque Deus nos escolheu nele antes da criação do mundo, para sermos santos e irrepreensíveis em sua presença". Sei muito bem que, quando prego, às vezes deixo os calvinistas preocupados. Sei também que, quando prego, às vezes deixo os arminianos preocupados, e provavelmente este é o momento em que eles começam a transpirar.

39

Antes da Criação

Paulo disse aos cristãos em Éfeso que fomos escolhidos em Cristo antes da criação do mundo. Alguém poderá abordar-me de repente com esta pergunta: "Como é possível você ter sido escolhido nele antes da criação do mundo?". Respondo com uma pergunta: "Como você explica um tempo em que não havia nenhuma matéria, nenhuma lei, nenhum movimento, nenhuma relação e nenhum espaço, nenhum tempo e nenhum ser — senão Deus?". Se você for capaz de me explicar isso, posso explicar a você como Deus me escolheu nele antes da criação do mundo. Posso apenas dizer que temos de levar em conta o pré-conhecimento de Deus, porque Pedro escreveu aos seus irmãos cristãos e referiu-se a eles como "escolhidos de acordo com o pré-conhecimento de Deus Pai, pela obra santificadora do Espírito, para a obediência a Jesus Cristo [...]" (1Pedro 1.2). Os atos da Criação no início não foram a primeira atividade de Deus. Deus esteve atarefado antes disso, porque devia estar empenhado em escolher e preordenar antes da criação do mundo.

Isso é calvinismo?

Algum tempo atrás, escrevi um pequeno editorial tipo "tapa buraco" com o título de "Viajamos por um caminho determinado". Mencionei que não somos órfãos no mundo, que não vivemos e respiramos por acidente e que somos filhos de Deus pela fé. Disse que é verdade que nosso Pai celestial vai adiante de nós e que o Pastor vai à frente para mostrar o caminho.

Um dos prezados leitores escreveu-me o seguinte: "Fui criado na igreja metodista. Em seus comentários, você está

O Deus autoexistente

falando de predestinação? É nisso que os presbiterianos creem. É isso que você quer dizer?".

Escrevi-lhe uma carta, dizendo: "Caro irmão, quando eu disse que viajamos por um caminho determinado não estava pensando em predestinação, preordenação, segurança eterna ou decretos eternos.

"Estava apenas pensando", eu lhe disse, "em como é agradável saber que os passos de um homem bom são ordenados pelo Senhor; e que, se um cristão consagrado se colocar nas mãos de Deus, até os acidentes se transformarão em bênçãos. Não apenas isso, mas o nosso Deus fará o próprio Diabo trabalhar para a glorificação dos santos do Senhor".

A experiência dos filhos de Deus mostra que, quando andamos todos os dias na vontade do Pai, mesmo aquilo que parece ser tragédia ou perda se transformará, no final, em bênção e ganho.

Eu não tinha a intenção me aprofundar tanto — queria apenas dizer que nosso Pai celestial dirige o nosso caminho e que os passos de um homem bom são ordenados pelo Senhor. Tenho certeza de que o irmão metodista pode dormir esta noite sabendo que não precisa transformar-se em presbiteriano para ter certeza de que Deus está cuidando dele.

A propósito, não sei como essa ilustração veio parar aqui, porque não fazia parte de minhas anotações!

Agora, vamos voltar ao registro da Criação: "No princípio".

Matéria *versus* materialismo

É evidente que Deus criou a matéria — e isso não é mau! É da matéria que qualquer objeto físico é composto e é da matéria que se originam as palavras "material" e "materialismo".

Penso que muitas pessoas em nossas congregações ficam confusas quando um irmão instruído aconselha que devemos nos unir em uma luta fervorosa para combater o materialismo. Todos olham ao redor à procura do inimigo, mas parece não haver nenhum inimigo à vista. Se um homem não sabe o que é materialismo, como podemos esperar que ele entre na batalha? A palavra "materialismo" passou a fazer parte do jargão moderno. As coisas criadas que aceitamos como matéria estão todas ao nosso redor: coisas que podemos tocar, cheirar, provar, manusear, ver e ouvir. Coisas que se sujeitam aos sentidos — são coisas materiais e não são más.

O materialismo passa a ser problema quando os homens e as mulheres criados à imagem de Deus aceitam e consideram a matéria como algo insuperável. Das coisas materiais e físicas, eles dizem: "Estas são a única realidade. A matéria é insuperável — não existe nada mais!".

"Devemos lutar contra o materialismo" não significa que todos devemos pegar uma espada e correr atrás de alguém chamado Material e despedaçá-lo.

Significa que devemos começar a crer na Criação de Deus e que a matéria é apenas uma criatura do Deus onisciente, cujo amor é eterno, e que as coisas físicas que conhecemos e apreciamos não são insuperáveis; não são um fim em si mesmas.

No relato da Criação, Deus precisava ter um lugar para colocar a matéria, por isso criou o espaço. Ele precisava abrir espaço para o movimento, por isso criou o tempo.

Pensamos no tempo como algo girando em uma enorme bobina no céu e que passa mais rápido para os homens do que para as mulheres. Tempo não é isso. Tempo é o meio no qual as coisas mudam. Não é o tempo que faz o bebê crescer — é a mudança. E, para que a mudança ocorra, é necessário haver uma sequência de mudanças. A isso damos o nome de sequência do tempo.

Então, Deus fez as leis que governam o tempo, o espaço e a matéria. Talvez haja uma simplificação exagerada aqui, mas, na lei que estabeleceu, Deus estava dizendo simplesmente o seguinte a respeito da matéria: "Agora, alongue-se e deixe que as coisas se movimentem ao redor".

Então, no relato, lemos que Deus criou a vida. Criou a vida para que pudesse haver conscientização do tempo, espaço, movimento e matéria. Depois Deus criou o espírito, a fim de que pudesse haver criaturas que fossem conscientes do próprio Deus. Depois ele organizou o Universo inteiro ao qual damos o nome de cosmos, e assim temos o mundo.

Ora, vamos supor que a Criação seja mais complexa do que acabo de descrever e que levou mais tempo do que levei para descrevê-la. Mas foi o começo quando Deus criou o céu e a terra. Foi o começo do pensamento humano. Foi onde a matéria começou, com tempo e espaço. Foi onde a vida criada começou.

Oh, como me sinto feliz por fazer este registro simples a respeito do Deus vivo, amoroso e criador!

Deus não necessita de nós

Penso que eu jamais conseguiria adorar um Deus que fosse pego de surpresa a respeito das circunstâncias de seu mundo ao meu redor. Penso que não conseguiria dobrar os joelhos diante de um Deus que eu tivesse de defender.

Jamais me submeteria a um Deus que necessitasse de mim, irmãos. Se ele necessitasse de mim, eu não o respeitaria e, se não pudesse respeitá-lo, não poderia adorá-lo.

Jamais me curvaria para dizer: "Pai, sei que a situação está difícil para ti nestes tempos. Sei que o modernismo está sendo difícil para os santos e sei que o comunismo é uma séria ameaça ao Reino. Deus, sei que realmente necessitas de minha ajuda, portanto me ofereço para ajudar-te".

Alguns de nossos apelos missionários estão perto de cometer o mesmo erro: deveríamos nos comprometer com a obra missionária porque Deus necessita desesperadamente de nós.

O fato é que Deus está cavalgando acima deste mundo, e as nuvens são a poeira sob seus pés; se você não o seguir, perderá tudo, mas Deus não perderá nada. Ele continuará a ser glorificado em seus santos e admirado por todos que o temem. Colocar-nos em um lugar no qual Deus esteja eternamente satisfeito conosco deveria ser o primeiro ato responsável de cada homem!

Todas essas considerações baseiam-se no caráter e no mérito de Deus. Nenhum homem ou mulher, em lugar algum, jamais deveria tentar aproximar-se de Deus como um gesto de piedade porque o pobre Deus necessita dele ou dela. Oh, não, não, meu irmão!

Deus deixou claro que há um inferno, um lugar para quem não quer amar a Deus e não quer servi-lo. O lado triste e trágico desse fato é que essas pessoas são seres humanos amados por Deus porque ele as criou à sua imagem. Foi-nos dito que não existe mais nada na Criação que tenha sido criado *à semelhança de Deus.*

O homem pecador e que está perecendo continua mais próximo de ser semelhante a Deus que qualquer outra criatura na terra, portanto Deus lhe oferece conversão, regeneração e perdão. Certamente foi por causa desse grande potencial na personalidade humana que a Palavra se tornou carne e viveu entre nós. O Filho Unigênito não pôde assumir sobre si a natureza de anjos, mas pôde assumir sobre si a descendência de Abraão, conforme consta em Hebreus 2.16.

Deus não desperdiça a personalidade humana

As Escrituras nos afirmam de várias maneiras que Deus, o Criador, não desperdiça a personalidade humana, mas certamente uma das tragédias mais marcantes da vida é que a personalidade humana pode desperdiçar-se. O homem pode desperdiçar-se pelo próprio pecado, o que significa desperdiçar aquilo que mais se assemelha a Deus na terra.

O pecado é uma doença. É ilegalidade. É rebelião. É transgressão — mas é também a perda do tesouro mais precioso da terra. Dizem que o homem que morre sem Cristo está perdido, e dificilmente encontramos uma palavra em nossa língua que expresse tal condição com maior exatidão. Tal homem dissipou uma rara fortuna e, no fim, por um momento fugaz, ele para, olha ao redor e vê um tolo moral, um esbanjador que perdeu de modo esmagador e irrecuperável sua alma, sua vida, sua paz, sua total personalidade misteriosa, seu querido e eterno tudo!

Oh, o que podemos fazer para que os homens e as mulheres ao nosso redor entendam que o Deus todo-poderoso, antes do princípio do mundo, os amou, pensou neles, planejou a redenção, a salvação e o perdão?

Irmãos cristãos, por que não somos mais fiéis e mais sérios ao proclamar as grandes e eternas preocupações de Deus?

Como o mundo ao nosso redor pode saber que Deus é tudo em todos se não formos fiéis em nosso testemunho?

Em tempos nos quais tudo no mundo parece ser vaidade, Deus conta conosco para proclamarmos que ele é a grande Realidade e que somente ele pode dar significado a todas as outras realidades.

Como as grandes multidões insatisfeitas poderão descobrir e saber que fomos feitos por Deus e para ele?

A pergunta "De onde eu vim?" nunca terá uma resposta melhor que a da mãe cristã que diz: "Você foi feito por Deus!". O grande acervo de conhecimento no mundo de hoje não pode aprimorar essa simples resposta.

Os cientistas famosos podem falar sobre suas extensas pesquisas a respeito dos segredos de como a matéria funciona, mas a origem da matéria está no silêncio profundo e se recusa a dar uma resposta às muitas perguntas do homem.

Deus, o Deus autoexistente, onisciente e onipotente, fez o céu, a terra e o homem sobre a terra, e fez o homem para si próprio, e não há outra resposta à pergunta: "Por que Deus me fez?".

Nestes dias atribulados, é muito importante nos posicionarmos de modo firme e positivo nesta declaração: "Assim diz o Senhor!".

Nossa principal atribuição não é discutir com nossa geração, nem persuadir ou provar nada em larga escala. Ao declararmos "Assim diz o Senhor", deixamos a cargo de Deus a responsabilidade do desfecho. Ninguém sabe o suficiente, nem pode saber o suficiente para ir além disso. Deus nos fez para si mesmo: essa é a primeira e a última coisa que pode ser dita a respeito da existência humana, e qualquer outra afirmação será apenas um comentário.

CAPÍTULO 4

A eternidade no coração do homem

Nele estava a vida, e esta era a luz dos homens. (João 1.4)

Sei que há muitas pessoas que parecem achar relativamente fácil acreditar que Deus é eterno, mas relativamente difícil acreditar que Deus colocou a eternidade, ou a perpetuidade, no coração dos homens e das mulheres!

Venho insistindo há muito tempo que, se tivéssemos mais coragem, pregaríamos com mais frequência a respeito da imagem de Deus no homem — e com isso não estou dizendo que o homem não convertido já está salvo.

Não hesito, porém, em dizer que o único motivo pelo qual o homem pode ser salvo é que Deus colocou a eternidade em seu coração.

O homem pecou — sim! O homem está perdido, é pecador e necessita nascer de novo — sim! Mas Deus fez o homem à sua imagem e conserva o anseio pela eternidade e o desejo pela vida eterna dentro do coração do homem.

O Espírito Santo, ao falar por intermédio do salmista nos tempos do Antigo Testamento, orientou-o a declarar: "[...] de eternidade a eternidade tu és Deus" (Salmos 90.2).

Se você pesquisar a palavra "eternidade" no hebraico, descobrirá que pode significar "tempo fora da mente", ou pode significar "sempre", ou pode significar "até o ponto de fuga". Pode também significar "passado sem começo".

O FILHO DO HOMEM

De eternidade a eternidade, Deus é Deus!
Do passado sem começo até o futuro sem fim, Deus é Deus!
É isso que o Espírito Santo diz a respeito da pessoa e da natureza eterna de Deus.

Agora, se você tem uma daquelas mentalidades de ratoeira, que abre e fecha, dirá de vez em quando: "É tudo muito simples — esse é o atributo de Deus chamado eternidade. Vocês o encontrarão na nota de rodapé da página tal da teologia sistemática de fulano de tal. Agora vamos sair e tomar um refrigerante".

Assim, descartamos o assunto e o abandonamos ou o guardamos na memória entre os objetos sem uso no sótão de nossa alma.

Irmão, se você permitir que isso permaneça vivo e que o Espírito Santo lhe traga seu brilho, o significado pode ser muito importante; porque nos encontramos entre o ponto de fuga eterno de um ontem esquecido e um ponto de fuga igualmente eterno de um amanhã que ainda não nasceu!

A eternidade de Deus

Temos certeza de que não há nada que nos cause surpresa a respeito da natureza eterna de Deus, mas o espanto maior é que Deus achou adequado pôr sua própria eternidade dentro do coração dos homens e das mulheres.

Este é realmente o pensamento admirável registrado para nós em Eclesiastes 3.11 — que Deus fez tudo belo no seu devido tempo e "pôs o mundo em seus corações" (BKJ).

A palavra "mundo" usada aqui é exatamente a mesma usada pelo Espírito Santo quando ele disse "eternidade". O Espírito Santo disse que a natureza e a pessoa de Deus

A eternidade no coração do homem

são eternas e depois diz que dentro do coração da criatura chamada homem, feita por Deus à sua imagem, reside esse atributo de eternidade!

Uma tradução dessa passagem diz: "Deus pôs a eternidade na mente do homem". É isso e ponto final. É como se Deus estivesse dizendo que pôs "o tempo fora da mente" no coração do homem; que pôs o "sempiterno sem começo" no coração do homem. O texto diz que Deus pôs no coração do homem "uma atração pela eternidade".

Os especialistas estão tentando atribuir muitos motivos e explicações para a condição da humanidade, e eu não hesito em falar sobre o estado angustiante no qual os homens e as mulheres se debatem.

Creio que estas palavras são verdadeiras a respeito de nossas angústias e preocupações: estamos atribulados porque Deus pôs a eternidade em nosso coração. Pôs um anseio pela imortalidade em nosso ser. Pôs algo dentro dos homens e das mulheres que necessita de Deus e do céu — e, ainda assim, somos cegos demais e pecadores demais para encontrar o Senhor ou até mesmo olhar para ele!

Em um sentido real, Deus mimou o homem ao dar-lhe o toque de eternidade em sua alma. Se fôssemos apenas da terra e pertencêssemos à categoria dos animais, nunca nos sentiríamos perturbados. Mas o homem não concorda em deitar-se ao lado do animal e não ser nada mais que ele.

Qual é, então, o problema do homem? Por que ele caminha sem destino, se agita e luta e, como o leão na jaula, anda para frente e para trás e ruge aos céus antes de morrer?

Nos campos, os animais não guerreiam. Nas pastagens, não há jogos ou prostíbulos para o gado. Por que somente os

49

O FILHO DO HOMEM

homens, entre todas as criaturas, maquinam e tramam para criar um dispositivo do tipo "Assassino S.A."?

Quando dizemos que o homem vive como animal, estamos insultando os animais e mentindo a respeito do homem! O pecado não é bestial — é demoníaco, e os animais da floresta não são perturbados pelo Diabo. Somente as pessoas — homens e mulheres — passam por maus bocados com o Diabo, e o motivo é simples: Deus pôs o gosto pela eternidade no coração deles. Deus os fez à sua imagem. Pôs um anseio interior pela imortalidade no coração deles.

Repito mais uma vez: nossa pregação e ensino não enfatizam o suficiente que Deus fez o homem à sua imagem. Os modernistas nos amedrontam. A igreja cristã necessita de mais homens com coragem e determinação — homens que não se apavorem nem se acovardem o tempo todo.

Os homens e as mulheres necessitam ouvir simplesmente, e repetidas vezes, por que são atribulados e por que sofrem contrariedades. Precisam saber por que estão perdidos e que, se não se arrependerem, certamente perecerão. Os médicos e os terapeutas dizem aos homens e às mulheres atribulados que seus problemas são psicológicos, mas há algo mais profundo no ser humano que o perturba e o aborrece — o anseio pela eternidade!

Algum tempo atrás, escrevi um artigo dizendo que Deus fez o homem à sua imagem e que o pecado desfigurou a alma do homem e a destruiu. Continuei dizendo que, quando o homem eleva o coração a Deus e ora, ele está fazendo a coisa mais natural do mundo porque Deus o criou exatamente para essa finalidade.

A eternidade no coração do homem

Uma senhora crítica e obstinada de um estado do Leste leu o artigo e enviou uma forte reclamação contra mim ao presidente da Aliança Cristã e Missionária.

Acusando-me de ser liberal, modernista, herético e pervertido em minha teologia, ela pediu minha demissão como editor com o seguinte comentário: "Imaginem só, dizer que a oração é uma coisa natural!".

Creio que um dia, quando nos encontrarmos no céu, ela vai procurar certo editorzinho para desculpar-se, com o rosto enrubescido, por sua ignorância aqui na terra sobre os caminhos de Deus com os homens e as mulheres.

O que Deus pretendia

Este é exatamente o fato, senhoras e senhores: Deus criou você com a eternidade em seu coração para que, quando você olhar para o Eterno e pedir: "Deus, tem misericórdia de mim, pecador" e depois dizer: "Pai nosso, que estás nos céus", você será finalmente o que Deus planejou para você ser desde o início!

Contudo, quando olha para baixo como um animal, você não está fazendo a coisa natural — está pecando. Quando se recusa a recorrer a Deus por meio de Jesus Cristo, não está fazendo a coisa natural — está fazendo a coisa doentia!

Meus irmãos, lembrem-se de que o pecado é para a natureza humana o mesmo que o câncer é para o corpo humano. Quando o homem se liberta de um tumor cancerígeno em seu corpo e torna-se capaz de respirar e viver sem dor e sabe que se livrou da doença, ele está fazendo a coisa natural.

Portanto, também quando um pecador redimido diz: "O Senhor é o meu pastor; de nada terei falta",[1] ele está

---

[1] Salmos 23.1. [N. do T.]

fazendo aquilo que remonta ao jardim do Éden, aos descendentes de Adão; sim, muito antes do Novo Adão, Jesus Cristo, o nosso Senhor.

De uma coisa tenho certeza. E sei que não sou liberal nem modernista; também não sou fanático, herético nem sonhador. Sou apenas um pregador comum que exalta Deus e seu Cristo, e penso que não é um elogio a alguém que não consegue ver isso!

Sim, Deus pôs um anseio pela imortalidade em nosso coração. É isso que o espírito do homem deseja — e ele morre asfixiado quando não o consegue.

Quero ilustrar o assunto. Li que era costume levar pássaros para as minas de carvão com a finalidade de detectar a presença de gases nocivos. Hoje, provavelmente isso é feito por meio de máquinas e outros instrumentos, mas houve um tempo em que os pássaros eram presos em gaiolas e deixados em áreas onde havia suspeita da presença de gases venenosos.

Os proprietários das minas haviam chegado à conclusão de que certos pássaros reagiam com rapidez ao gás venenoso. Se houvesse uma alta concentração do gás venenoso, o pássaro caía rapidamente e morria no fundo da gaiola.

Ora, certamente aquele era um pássaro criado por Deus, um milagre coberto de penas, uma maravilha com asas, criado com o propósito de voar acima das campinas verdejantes, ver o brilho do Sol e respirar o doce ar dos céus. Mas alguém o leva para as profundezas de uma mina onde há umidade e poluição, e ele morre rapidamente por asfixia.

Podemos aplicar essa ilustração à alma do homem. Deus criou o homem como uma alma livre, com a intenção de elevá-lo às alturas da eternidade e viver com o Senhor. O Criador nos fez para olharmos para trás, para o ponto de fuga eterno que era e depois para o ponto de fuga eterno que será, sem sentir o peso da idade e sem contar as datas de aniversário, mas, como Deus, vivendo em Deus!

O pecado, porém, nos destruiu. Demos ouvidos à serpente, ao Diabo. Descemos até os abismos isolados do mundo, escuros e infestados de veneno, e os homens estão morrendo por toda parte de asfixia espiritual. Nós os vemos e reconhecemos sua condição.

Alguns de nós passamos uma semana em Dixon, Illinois, para participar das sessões de nossa conferência distrital realizada uma vez por ano. Notei a presença de um casal idoso hospedado no hotel da cidade. Presumi que tinham perto de 80 anos de idade. Estavam bem vestidos e possuíam um carro grande, mas a idade os havia atrofiado. Na verdade, estavam em má condição física e falavam um com o outro como se ambos estivessem com muitas dores. A aparência deles era péssima e marcada pelo tempo como se a vida os tivesse chicoteado. Nem um traço de alegria, nenhuma fragrância e nenhuma simpatia: apenas dois idosos cansados, deprimidos, frustrados, aparentemente insignificantes demais para morrer e velhos e murchos demais para viver. Senti que estavam à espera de um agente funerário!

O casal é apenas um exemplo — o mundo está repleto deles. Seres humanos sem esperança e sem ajuda: alguns na sociedade, em casas enormes e carros luxuosos. Alguns em prisões, hospitais e sanatórios. Essas pessoas me fazem pensar de novo nos pobres pássaros que Deus fez para cantar e voar, mas agora estão morrendo asfixiados nas entranhas da terra.

Esse é o retrato da humanidade. A agitação é um sinal de que há algo errado conosco. O pecado mergulhou-nos nas profundezas e marcou-nos de tal forma com a mortalidade que nos tornamos irmãos do barro. Chamamos o verme de irmã e a morte, de irmão — mas Deus nunca pretendeu que fosse assim! Deus fez o homem ereto, dizendo: "Agora vamos fazê-lo à nossa imagem!". E à imagem de Deus ele o fez e deu-lhe domínio!

No entanto, o homem pecou — e tudo o que lhe resta é um respeito pelo ser divino e um desejo oculto de poder ter a vida eterna.

O homem não encontrou a resposta

Esse é o ponto da necessidade vital do homem, e esse é o desejo que o motiva e o empurra. Mas ele não encontrou a resposta. Não tem aquela vida eterna que estava com o Pai e foi manifestada a nós. Infelizmente, em sua busca, o homem pode apenas reclamar que tudo o que encontra e tenta é sempre falso!

Ora, alguns de vocês estão pensando que este sermão soa como se estivesse se desenvolvendo em tom melancólico. Mas não apresento nenhuma desculpa e não faço nenhuma correção. Você não precisa voltar para me ouvir pregar se pensa que estou errado — mas acredite em mim: não há nada sendo anunciado em catálogos, não há nada sendo cantado ou impingido no rádio, nenhum apelo de Wall Street, de Hollywood, Londres, Cingapura ou Roma, nada no mundo inteiro que não virá a ser uma serpente enrolada em sua bota se Jesus não entrar nela!

Vocês sabem que preguei algum tempo atrás no antigo tabernáculo do dr. A. B. Simpson na Times Square, em

A eternidade no coração do homem

Nova York. O pastor era um irmão culto com um encantador sotaque sulino.

Depois que preguei vários dias, estávamos andando juntos no meio daquelas multidões apressadas quando ele se virou para mim e disse:

— Irmão Tozer, acho que descobri algo em você.

Perguntei-lhe o que ele descobrira.

— Acho que você encontrou sua filosofia espiritual básica — ele disse. — E penso que se resume nisto: — Tudo está errado até Jesus endireitar!

Repliquei:

— Obrigado, irmão. É isso mesmo. Eu diria que você conseguiu resumir.

Eu não havia pensado no assunto daquela maneira, mas acho que ele estava certo e que essa é a minha posição, senhoras e senhores. Tudo está errado até Jesus endireitar.

Fui também convidado a pregar em um congresso e talvez tenha errado em aceitar porque lá o destaque é dado a brincadeiras, piadas e chistes, e os músicos tocam qualquer instrumento, desde serrotes até cabaças secas. Tudo é muito divertido e um pouco parecido com Hollywood, penso eu.

O pastor de lá contou-me, após minha partida, que sua esposa lhe disse: "Querido, depois de ouvir o dr. Tozer, será mesmo que não há nada bom no mundo?".

Bem, sei que ela possui uma Bíblia em casa e consideraria tola aquela pergunta número 5.821 para ser feita pela esposa de um pregador.

Certamente não há nada bom. Não há ninguém que faça o bem, ninguém. Tudo está errado até Jesus endireitar. Todos nós sabemos que há muitas coisas consideradas boas nos seres

O FILHO DO HOMEM

humanos — mas não há nada que seja divinamente bom enquanto não receber o selo de nosso Senhor Jesus Cristo.

Marcas da maldição

Há três marcas bem distintas da antiga maldição que recai sobre tudo neste mundo. Primeira, tudo é recente. Segunda, tudo é temporal. Terceira, tudo é transitório.

Ao contrário da eternidade, tudo aquilo de que o homem se orgulha — aparelhos elétricos automáticos, automóveis de alta potência, capacidade de voar pelos céus —, tudo é recente. O homem animal com seu cérebro atarefado diz: "Isto é o que há de mais belo no mundo!".

No entanto, seu ser interior gritaria se ele permitisse. "Não, não! A resposta não é essa. Isso é algo que pertence ao cérebro e ao mundo, porém meu coração continua a clamar pela eternidade!"

Estamos cercados de coisas temporais e transitórias, mas sua maldição é que elas nos pertencem por apenas um breve dia. A maldição é que o homem se acomoda e fica contente, completamente satisfeito com a tecnologia e os serviços que lhe garantem conforto enquanto viver.

Irmão, lembre-se de que um dia um desses belos e maravilhosos veículos modernos parará em frente à sua casa. Dois homens com semblante inexpressivo vão sair do carro com um cesto e arrastarão você para fora — para longe de seu rádio, televisão, fogão elétrico, geladeira, máquina de varrer e massageadores — e continuarão a arrastá-lo, e alguém preparará seu funeral.

O vencedor não será o cérebro, nem a inteligência humana, nem nosso progresso moderno. Se esse é nosso orgulho, nosso desejo e nossa alegria, seria melhor não termos nascido.

Imagino que seria mais confortável ir para o inferno de Cadillac ou ostentar sua natureza animal com comida feita em um forno automático, mas, ainda assim, quando chegar lá, é o inferno que você encontrará.

Sei que não estou errado quando digo que seu pobre coração no qual Deus colocou o desejo pela eternidade não aceitará aparelhos elétricos e progresso humano em lugar da vida eterna. Algo dentro de você é grande demais para isso, assombroso demais para isso, maravilhoso demais para isso! Deus pôs o atributo da eternidade em nosso coração.

Assim, tudo ao redor de nós são as marcas do mundano e do transitório.

Tenho certeza de que você já viu uma criança assistindo a um belo desfile circense. Os carros, os palhaços, os leões e os tigres, as bandas, as fantasias, as lantejoulas. Tudo empolga a criança — com os olhos arregalados, ela grita de alegria. Mas isso é passageiro. É temporário. É transitório. O desfile desce até a estação ferroviária, entra no trem e desaparece.

Portanto, isso é tudo o que o mundo tem a nos oferecer. Um tipo qualquer de quinquilharia bonita. Um tipo qualquer de chocalho agradável para agitar. Um tipo qualquer de chupeta para a cena na qual vivemos.

Quando eu era pequeno, a chupeta era muito importante para a criança, e suponho que ainda seja. Na minha época de menino, vivendo no campo, não se comprava chupeta na loja. Usava-se um "bico de açúcar" — uma espécie de saquinho de pano cheio de açúcar. Quando o bebê começava a chorar, enfiavam-lhe o saquinho na boca; a criança parava de chorar por sentir-se satisfeita temporariamente.

Quero apenas fazer a observação de que muitos pregadores de nossos dias aderiram ao costume antigo da chupeta, o bico de açúcar. Pensam que o resultado será um número maior de pessoas em suas igrejas. Pensam que as ofertas aumentarão. Pensam que terão mais probabilidades de sucesso.

No que me diz respeito, se existe algum tipo de concessão ou chupeta a ser eliminado, eles podem ir em frente.

O Deus todo-poderoso nunca disse: "Rapazes, encham os bolsos com bicos de açúcar, saiam e vão alimentar o público carnal".

O que ele disse foi: "Preguem minha Palavra, e eu porei as minhas palavras em sua boca, e não tenham medo delas porque, se ficarem com medo, eu os confundirei diante delas! Mas, se forem destemidos, estarei ao lado de vocês e os tornarei confiantes e firmes!".[2]

Pense um pouco, se quiser, neste meu pescoço velho e enrugado, que usa colarinho 38. Você acharia que, se alguém batesse em minha cabeça, ele se deslocaria.

Mas, irmão, ele é como bronze. O Deus todo-poderoso disse: "Eu o tornarei firme!".[3]

No entanto, não vamos parar por aqui a respeito dessa observação.

Ouse crer e declarar

Você ousou crer nesta revelação de João de que Jesus Cristo, a Palavra, estava com Deus e era Deus? E ousou declará-la?

---

[2] O autor usa a expressão "I will make your neck like brass", cuja tradução livre é: "Farei seu pescoço ser como o bronze". [N. do T.]

[3] Idem.

Ousou confessar aquela enorme sensação dentro de você que gosta da eternidade e não ficará satisfeito sem ela? Isso é realmente tudo o que você sempre desejou? Não é religião. Você pode investigar — é recente. Não é filosofia. Não é civilização. Essas coisas você pode investigar. São recentes e temporárias. Somos traídos por toda expectativa que o homem cria.

Quando, porém, sabemos que estamos perecendo, prontos para perecer, o Espírito Santo de Deus é fiel e sussurra: "No princípio era aquele que é a Palavra. Ele estava com Deus e era Deus" (João 1.1).

Há eternidade, e a eternidade se fez carne e viveu entre nós, e aquele que nele crê não perecerá, mas terá vida eterna. A Palavra Eterna, o Filho Eterno, veio para nos redimir. Será que você pensa como eu a respeito do mistério do amor e da graça divinos — como ele andava pela carpintaria com perninhas rechonchudas?

Ah, os bebês são inofensivos e nos atraem mais rápido que um regimento de soldados. Se você tivesse visto a eternidade andando com as perninhas rechonchudas de um bebê, tropeçando e caindo entre as aparas de madeira, teria corrido para levantá-lo do chão, tirado a poeira de suas roupas e sussurrado: "Não está doendo. Seja um menino corajoso!". Ele teria sorrido, limpado uma lágrima e corrido para levar outro tombo.

Era a eternidade andando como ser humano. Era o Deus todo-poderoso que veio para viver entre nós a fim de nos redimir e nos salvar do que é recente, temporal e transitório — e nos dar a eternidade!

O FILHO DO HOMEM

Cada um de nós que o aceitar possui essa vida eterna que estava com o Pai e foi dada aos homens.

Como é maravilhoso saber que o Deus de amor nos dá isso — e, no entanto, como será terrível recusar, rejeitar e ter de ser chicoteado para o céu com as correias do inferno! Oh, Deus oferece-nos a Luz verdadeira! O pecado em nossa natureza destruiu-nos, mas Deus pede apenas que aceitemos Jesus e confessemos: "Senhor Jesus, eu creio em ti. Creio que és a Palavra Eterna e que em ti tenho a eternidade igual à eternidade de Deus — aquela vida eterna que estava com o Pai!".

CAPÍTULO 5

O plano redentor

Veio para o que era seu [....]. (João 1.11)

Nos versículos anteriores do evangelho de João, lemos em palavras extraordinariamente breves e simples a respeito do passado eterno e do Filho eterno. Lemos que desde o princípio o Filho eterno era Deus; que ele fez todas as coisas e que nele estava a luz e a vida.

Certamente essas palavras e expressões poderosamente simples estão na raiz de toda a teologia. Estão na raiz de toda a verdade.

Como é emocionante recebermos nestas duas palavras, "[ele] veio", a confirmação da encarnação: Deus veio em corpo carnal!

Confesso que fico impressionado com a maravilha e a importância do significado ilimitado destas duas palavras: "ele veio". Dentro delas se resume todo o propósito da misericórdia divina e do amor redentor. Toda a misericórdia que Deus é capaz de mostrar, toda a graça redentora que ele pode derramar de seu coração, todo o amor e piedade que Deus é capaz de sentir — todas essas coisas estão pelo menos sugeridas aqui na mensagem de que *ele veio*!

Além disso, todas as esperanças, anseios e aspirações, todos os sonhos de imortalidade que residem no peito humano, todos foram cumpridos na vinda de Jesus, o Cristo e Redentor, ao mundo.

O FILHO DO HOMEM

O homem sempre foi uma criatura esperançosa, o que fez Milton escrever que "a esperança brota eterna no peito humano". Mesmo o homem pecador continua a ser uma criatura que anseia por algo. Somos lembrados de que, atolado na lama do chiqueiro, o filho pródigo se lembrou da casa de seu pai e dentro de si meditou nesta pergunta: "O que estou fazendo aqui?".

Todas as nossas esperanças e sonhos de imortalidade, nossas ternas visões de uma vida futura, estão resumidos nestas simples palavras registradas na Bíblia: "ele veio"! Imagino que a natureza de editor que existe dentro de mim observa que essas duas palavras ocupam apenas sete letras em uma linha impressa. Mas o que essas duas palavras nos dizem é mais profundo do que toda a filosofia e, neste contexto, não estou usando o superlativo arbitrariamente.

Há ocasiões em que o uso do superlativo é absolutamente necessário e não podemos fugir dele. A vinda de Jesus Cristo a este mundo representa uma verdade mais profunda que toda a verdade da filosofia, porque, se reuníssemos todos os grandes pensadores do mundo, eles jamais produziriam algo que pudesse aproximar-se, mesmo remotamente, da maravilha e da profundidade reveladas na mensagem das palavras "ele veio"!

Essas palavras são mais sábias que toda a erudição. Se forem entendidas em seu sublime contexto espiritual, elas são mais belas que toda a arte, mais eloquentes que toda a oratória, mais líricas e comoventes que toda a música — porque nos contam que toda a humanidade que vivia nas trevas foi visitada pela Luz do mundo!

Oh, estou certo de que todos nós somos passivos demais a respeito do que isso realmente significa! Quando cantamos:

"A luz do mundo é Jesus", deve haver um brilho em nosso rosto capaz de fazer o mundo acreditar que estamos sendo sinceros.

Isso teve um significado vasto e belo para Milton — e ele exaltou a vinda de Jesus ao mundo com uma das expressões mais lindas e comoventes escritas até hoje por um ser humano. Certamente o coração de Milton estava curvado na Presença quando ele escreveu:

> Este é o mês, e esta é a venturosa manhã
> Em que o Filho do eterno Rei do céu,
> Da donzela e virgem mãe, nasceu.
> Do alto ele trouxe nossa grande redenção.
> Pois assim os santos sábios cantaram certa vez,
> Que do nosso castigo mortal ele trará libertação,
> E com seu Pai trabalha em paz perpétua.
> Essa Forma gloriosa, essa Luz ofuscante,
> E esse esplendor luminoso de Majestade,
> Tudo ele abandonou para aqui conosco estar.
> Renunciou às Cortes do Dia eterno
> E o lugar no meio da Unidade Trina,
> E escolheu um obscuro lar de Barro mortal para habitar.
> Vê como de longe na estrada do Oriente
> Os magos guiados pela estrela lhe trazem suaves perfumes.
> Oh, corre! Presenteia-o com tua humilde ode
> E humildemente a deposita a seus pés benditos.
> Terás a honra de ser o primeiro a saudar o teu Senhor.
> Une-te às vozes do coro angelical e começa a cantar,
> E do seu Altar secreto o fogo sagrado te tocará.
> (Tradução livre.)

Essa foi a descrição poética de Milton sobre seus sentimentos e entendimento a respeito da encarnação.

Quanto a mim, sou aquele que simplesmente está feliz como uma criança porque *ele veio*!

É a história mais grandiosa de todas as eras. No entanto, a maioria de nós se senta, ouve e depois boceja confessando interiormente: "Que tédio!".

O motivo?

Penso que ouvimos essa história tantas vezes que ela deixou de ter o significado que deveria para todos nós.

Oh, irmãos — estas palavras maravilhosas, belas e misteriosas — "ele veio"!

"Para o que era seu"

Lemos, então, que ele "veio para o que era seu, mas os seus não o receberam" (João 1.11).

Há um fato importante no uso das palavras "era seu".[1] No uso duplo nessa passagem na língua inglesa, as palavras parecem significar a mesma coisa.

No entanto, conforme usada por João, a tradução da primeira é que ele veio para suas próprias coisas, seu próprio mundo, sua própria casa.

Há uma tradução que diz: "Ele veio para os de sua casa".

O segundo uso é diferente, como se fosse: "as pessoas de seu próprio mundo não o receberam".

Vamos pensar no mundo para o qual ele veio — porque é o mundo de Cristo. O mundo que compramos, vendemos, chutamos e tomamos pela força das armas — esse mundo é o mundo de Cristo. Ele o fez e o possui inteiramente.

Jesus Cristo, a Palavra eterna, criou o mundo. Fez os átomos dos quais Maria foi feita; os átomos dos quais o corpo

---

[1] Em inglês, *his own*, que significa "seu próprio". [N. do T.]

dele foi feito. Ele próprio fez a palha que cobria a manjedoura na qual foi colocado quando nasceu.

Tenho pensado muito nesse mais doce e amoroso de todos os mistérios na revelação de Deus ao homem.

Confesso que gostaria de ter visto o bebê Jesus. Isso não é possível, porque a morte não tem mais domínio sobre ele, e ele está glorificado à direita da Majestade nas alturas. Mas esse mesmo Jesus, que subiu ao céu e foi glorificado, era aquele bebê Jesus que foi deitado sobre a palha da manjedoura. Assumindo um corpo de humilhação, ele ainda era o Criador que fez a madeira da manjedoura, fez a palha e era o Criador de todos os animais que ali estavam. Na verdade, ele havia feito a cidadezinha e tudo o que havia ali. Também havia feito a estrela que permaneceu em cena naquela noite.

Esse era o Eterno que viera para seu mundo. Apesar de falarmos dele com frequência como sendo nosso hóspede aqui, não é Jesus Cristo que é o hóspede.

Falamos de tornar Deus parceiro em nossos assuntos, mas não ousamos dizer às pessoas que elas devem parar de agir como benfeitores de Jesus Cristo. Ele não é nosso hóspede aqui — é o anfitrião!

Somos os convidados e estamos aqui por consentimento dele. Está na hora de pararmos de pedir desculpas pelo Senhor Jesus Cristo e começar a pedir desculpas por nós!

Temos um grande número de apologistas que escrevem livros e dão palestras desculpando-se pela pessoa de Cristo e tentando "explicar" para a nossa geração aquilo que não significa "exatamente" o que a Bíblia diz.

Deus revelou-se em Jesus Cristo e, dessa forma, sabemos onde estamos, crendo que "todas as coisas foram feitas por intermédio dele; sem ele, nada do que existe teria sido feito".[2]

Jesus Cristo fez o mundo no qual vivemos e colocou todas as estrelas e planetas e seus trajetos espalhados por todo o Universo.

Pode algum homem acreditar que Deus necessita realmente dele e o envia a andar por aí pedindo desculpas e explicando, apressando-se para defender Deus e apresentando uma defesa lógica para o Deus eterno, onisciente e onipotente?

O relacionamento terreno

Vou fazer uma digressão aqui para falar de outro assunto referente ao relacionamento terreno do Eterno que veio ao mundo que lhe pertencia.

Ouço, de vez em quando, uma prática devocional no rádio em que os participantes pedem: "Maria, mãe de Deus, rogai por nós".

Maria está morta e não é a mãe de Deus. O correto seria que expressássemos nossa posição fundamentada na Palavra de Deus.

Se Maria é a mãe de Deus, então Isabel é prima de Deus. Você pode fazer uma verificação e, se isso for verdade, Deus tem uma grande variedade de primos, tios e netos — o que chega ao ponto do absurdo.

Maria não é a mãe de Deus, porque o Espírito Santo disse nas Escrituras: "Um corpo me preparaste" (Hebreus 10.5; v. Salmos 22.9,10; Filipenses 2.7,8).

[2] João 1.3. [N. do T.]

Maria foi a mãe de um bebezinho. Deus, em seu plano de redenção amoroso e sábio, usou o corpo da virgem Maria como matriz para dar um corpo humano ao Filho eterno, que estava com o Pai e era Deus.

Por amor, fé e humildade respeitamos Maria. Ela foi escolhida por Deus para conceber o Filho eterno e dar àquele Filho um corpo humano.

É por isso que não nos unimos ao coro que diz: "Maria, mãe de Deus". Devemos nos referir sempre a ela como "Maria, mãe de Cristo". Esse é o certo, e damos a Maria o respeito que lhe é devido, porque não existe honra maior dada a qualquer outra mulher desde o início dos tempos.

Fiz esse comentário aqui porque Jesus Cristo, a Palavra eterna, fez este mundo. Ele sabia o que estava fazendo quando nos criou à imagem de Deus e não quer que façamos concessões ou racionalizemos em seu favor.

O que ele deseja de nós? O modo pelo qual podemos agradar-lhe de forma mais perfeita é entregar completamente nosso ser a ele! Cada um de nós necessita curvar-se, ajoelhar-se diante dele, confessando que somos pecadores, com esta oração sincera: "Oh, Senhor, toca-me e restaura-me por inteiro!".

Então, seremos capazes de nos levantar, purificados e perdoados, não mais rastejando na lama e na degradação das trevas. E, ao nos levantar e olhar para o céu, poderemos cantar com segurança:

> Eu já fui um pecador, mas vim
> Para perdão receber do meu Senhor.
> Isso foi dado gratuitamente, e descobri
> que Ele sempre cumpre Sua palavra.

O FILHO DO HOMEM

No livro está escrito: "Salvo pela graça",
Oh, a alegria que veio à minha alma!
Agora estou perdoado e sei:
pelo sangue estou curado por inteiro.

Pertencemos a Deus. Pertencemos ao Cristo de Deus. Este é o mundo de nosso Pai. Tudo o que tocamos ou manuseamos pertence a ele. A brisa que sopra, as nuvens no céu, os campos ondulantes de milho e trigo, as florestas altas e nobres e os rios que seguem seu curso — tudo é dele.

Temos de amá-lo, adorá-lo e honrá-lo, mas não o tratamos com condescendência nem nos desculpamos.

Sim, ele veio na plenitude do tempo, e seu mundo, o mundo da natureza, o recebeu. Mas os que eram seus não o receberam!

Tenho a impressão de que, quando Jesus veio ao mundo, toda a natureza saiu para saudá-lo. A estrela conduziu os magos do Oriente. O gado no estábulo em Belém não o perturbou.

As coisas que ele criou na natureza o acolheram.

O dr. G. Campbell Morgan, em seu volume intitulado *The Crisis of the Christ* [A crise do Cristo], ressalta que, quando foi ao deserto para ser tentado pelo Diabo, Jesus conviveu com animais selvagens durante quarenta dias e quarenta noites.

O dr. Morgan acreditava que havia uma ideia errada a respeito de Jesus estar ao lado de animais, como se eles quisessem atacá-lo e que ele precisou da proteção dos anjos.

O dr. Morgan afirma corretamente: "Não é verdade. Os animais selvagens reconheceram seu Rei e, sem dúvida, abaixaram-se diante dele e lamberam seus pés".

Em harmonia com a natureza

Jesus esteve perfeitamente seguro ali — ele era o Criador e Senhor da natureza. Estava em harmonia com a natureza. Enquanto crescia em estatura e sabedoria, penso que o vento soprava para agradar-lhe, e a terra na qual ele pisava sorria. À noite, as estrelas baixavam o olhar para ver a moradia rústica do Homem conhecido como humilde carpinteiro.

Quero aventurar-me a dar uma opinião aqui. Jesus estava em harmonia com a natureza neste mundo, e penso que, quanto mais profundo for o nosso comprometimento cristão, mais probabilidades teremos de estar em sintonia e harmonia com o mundo natural ao nosso redor.

Algumas pessoas sempre zombaram dos hábitos de São Francisco como se ele estivesse fora do juízo perfeito. Passei a acreditar que ele era tão submisso a Deus e estava tão envolvido com a presença do Espírito Santo que toda a natureza era sua amiga.

Ele pregava para os pássaros, chamava a chuva e o vento de amigos e a Lua, de irmã. Sua vida era recheada de numerosos deleites incomuns porque o mundo abençoado por Deus o acolhia de modo pleno e muito caloroso.

Irmãos, não me envergonho do mundo de Deus. Envergonho-me apenas do pecado do homem. Se fosse possível levar embora todo o pecado deste mundo, eliminá-lo subitamente, não haveria nada no mundo inteiro do que nos envergonhar e nada a temer.

Se o pecado fosse extinto, não haveria mais doenças e enfermidades. Não haveria mais pacientes em sanatórios. O crime seria coisa do passado, e poderíamos dormir à noite com todas as portas destrancadas.

É por isso que tenho repetido que não devemos apresentar desculpas para Deus. Nossos pedidos de desculpa devem ser pela humanidade — e por nossos pecados.

Creio que o corpo de Jesus era perfeito até sua chegada ao Calvário, mas lá, quando ele morreu na cruz, toda a nossa sujeira humana, todos os nossos pecados, doenças e enfermidades foram depositados nele.

Jesus veio ao mundo que lhe pertencia, no qual até os ventos e as ondas obedeciam ao seu menor comando. Chamamos esses eventos de milagres, mas, na verdade, era o Deus todo-poderoso agindo como Deus no mundo que o recebeu.

Quando, porém, passamos a considerar as pessoas, a humanidade orgulhosa com todos os seus pecados, enfermidades e morte, a história muda de figura!

Na plenitude do tempo, foi para a nação de Israel, para os judeus, que Jesus veio. Dentre todos os povos da terra, a nação de Israel era certamente a mais bem preparada para recebê-lo, porque eram filhos de Abraão, chamados para ser um povo escolhido em uma aliança eterna com Deus, o Pai.

Israel recebeu a revelação de Deus. Os israelitas conheciam todas as tradições de adoração e fé. Tinham profetas. Adoravam no templo e observavam os dias sagrados.

No entanto, apesar de terem tudo isso, eles não reconheceram Jesus como Messias e Senhor. Não há dúvida de que esse foi o maior erro moral da história da humanidade, porque Jesus veio para seu povo, e seu povo o rejeitou! Oh, que enorme cegueira quando os judeus o rejeitaram.

A Bíblia é muito clara quando nos adverte e fala a respeito dessa cegueira espiritual.

Em tempos anteriores e conturbados da nação, Deus enviou Isaías como seu profeta, dizendo-lhes:

> "Vá, e diga a este povo:
>   'Estejam sempre ouvindo,
>   mas nunca entendam;
>   estejam sempre vendo,
>   e jamais percebam.
>   Torne insensível o coração deste povo;
>   torne surdos os seus ouvidos
>   e feche os seus olhos.
>   Que eles não vejam com os olhos,
>   não ouçam com os ouvidos,
>   e não entendam com o coração,
>   para que não se convertam
>   e sejam curados'" (6.9,10).

Era esse o tipo de cegueira que recaiu sobre eles quando Jesus veio e eles não o receberam. Foi uma ação de Deus sobre eles pelo pecado. Eles o rejeitaram.

Seu próprio povo não o recebeu — e segue-se a pergunta: "Por quê?".

Primeiro, penso que muitos consideraram que seria uma perda financeira o fato de ter de sair da posição em que se encontravam na vida para seguir Jesus. O moço rico que se aproximou de Jesus para fazer perguntas é um bom exemplo dessa posição. Ele estava interessado nos ensinamentos de Jesus e perguntou o que deveria fazer. Jesus submeteu-o a um teste de discipulado, insistindo para que ele abrisse mão de suas propriedades e o seguisse junto com os discípulos. Mas o moço fez sua escolha e retirou-se triste, porque possuía propriedades valiosas.

O FILHO DO HOMEM

Receio que a escolha da humanidade seja a mesma hoje — as pessoas estão mais apaixonadas pelo dinheiro e pelas propriedades que por Deus.

Segundo, muitos daqueles homens e mulheres que refletiram nas exigências de Cristo em sua época para seguir Jesus teriam de fazer mudanças abruptas e drásticas em seu padrão de vida. Não aceitavam a ideia de permitir que os aspectos egoístas e orgulhosos da vida deles fossem perturbados.

Penso que o terceiro fator foi o desprezo quase completo daquele povo pela vida interior espiritual que, de acordo com os ensinamentos de Jesus, era necessária para a humanidade. Quando Jesus insistiu em que os puros de coração verão Deus, que aquele que é humilde e chora será consolado e que os mansos herdarão a terra, tudo isso significava uma profunda limpeza interior.

A história se repete em nossos dias. Muitos que querem seguir as tradições cristãs ainda se esquivam e rejeitam uma limpeza espiritual profunda em seu interior.

Quarto, Jesus apresentou um conceito completamente novo entre os seres humanos: o primeiro deverá ser o último no Reino; e aquele que vier a ser um cristão comprometido deve conhecer o significado de completa abdicação do eu.

Os séculos não mudaram esse conceito. Jesus ainda chama com este desafio explícito: "Então Jesus disse aos seus discípulos: 'Se alguém quiser acompanhar-me, negue-se a si mesmo, tome a sua cruz e siga-me'" (Mateus 16.24).

Quinto, Jesus falou sobre a necessidade da fé genuína — fé no que não se vê; fé que não depende das obras da Lei; fé que não deposita sua confiança no templo ou nas tradições.

Jesus foi franco ao ensinar que estava pedindo aos seus seguidores que se entregassem a Deus. Para as multidões, ele estava pedindo demais. Jesus viera de Deus, mas eles não o receberam!

Ora, voltando às responsabilidades dos homens e das mulheres de nossos dias, parece que, para alguns, é muito gratificante não fazer nada e criticar os judeus. Para nós, depois de decorridos dois mil anos, é muito confortável pregar sobre os judeus que não receberam Jesus. É uma espécie de válvula de segurança para nós, uma pista falsa que seguimos, como se isso desviasse os olhos de Deus de nossos pecados e de nossas próprias rejeições.

Jesus ensinou de modo muito simples que devemos tirar a viga que está em nosso olho a fim de ver mais claramente antes de retirar o cisco do olho de nosso irmão.

Cada um de nós deve ser advertido sobre esse tipo de autoengano a respeito da responsabilidade espiritual. Temos dois mil anos de ensinamentos cristãos e pregações que os judeus não tiveram. Temos uma revelação que os judeus não tiveram — o Antigo e o Novo Testamentos. Temos informações e luz espiritual que os judeus não tiveram naquela época.

E temos também o anseio pela presença do Espírito Santo que os judeus não tiveram.

Em resumo, não penso nem por um minuto que devemos passar o tempo criticando os judeus e afagando nosso coração carnal ao enfatizar que Israel rejeitou Jesus. Se fizermos isso, vamos apenas reconstruir os sepulcros de nossos pais, como Jesus disse.

Irmãos, a história conta-nos que eles fizeram o que queriam fazer. Conheciam suas responsabilidades

O FILHO DO HOMEM

espirituais, mas, ainda assim, rejeitaram Jesus quando ele viveu no meio deles.

A mesma situação nos rodeia hoje. Milhões de homens e mulheres que entendem a revelação de Deus em Jesus Cristo, com muitos anos de luz espiritual e ensino bíblico na retaguarda, ainda não estão dispostos a recebê-lo e a comprometer-se com aquele a quem os anjos, as estrelas e os rios acolhem. Hesitam e demoram porque sabem que Deus está pedindo que abdiquem de seu pequeno reino egoísta e de seus interesses.

Alguns vão para "debaixo da terra"

Sei que alguns de vocês não vão mudar seu modo de vida. Irão para "debaixo da terra" antes de mudar. No que se refere a algumas pessoas, tenho certeza de que todas as minhas pregações as levarão para debaixo da terra. Elas não concordam com a limpeza interior, que faz parte do total comprometimento com Cristo.

Perdão, limpeza e purificação! Vou dizer o que penso sobre a manjedoura na qual o bebê Jesus foi colocado. Era limpa. Era simples, era comum — até grosseira de acordo com nossos padrões —, mas sei que era limpa. José e Maria jamais teriam permitido que o bebê Jesus fosse colocado em um berço sujo — e também é verdade hoje que nosso Senhor não habita em lugar que não esteja limpo.

Algumas pessoas preferem a sujeira à presença do Filho de Deus. Preferem continuar nas trevas a aproximar-se da Luz do mundo. Oportunidades não lhes faltam. Elas têm todo tipo de luz espiritual. Mas não recebem o Filho de Deus — não querem que sua casa espiritual seja limpa.

Essa é a tragédia da humanidade, meus irmãos. Nós o rejeitamos no coração porque precisamos seguir nosso próprio caminho. O verdadeiro significado do cristianismo é um mistério até nos convertemos e nos entregarmos pelo poder transformador e milagroso do novo nascimento. Enquanto Jesus Cristo não for recebido com sinceridade, não pode haver conhecimento da salvação nem entendimento das coisas de Deus.

O homem insignificante, egoísta e pecador rejeita o Filho de Deus. Embora continue a enumerar as coisas que deseja e quer, o Filho de Deus permanece do lado de fora.

"Veio [...] mas os seus não o receberam" (João 1.11).

Repito, meus irmãos: essa é a grande tragédia da humanidade!

CAPÍTULO 6

Amor divino que se tornou carne

Porque Deus tanto amou o mundo que deu o seu Filho Uni-gênito, para que todo o que nele crer não pereça, mas tenha a vida eterna. (João 3.16)

Se fôssemos julgar João 3.16 com base em seu valor para a raça humana, teríamos de dizer que o texto é, provavelmente, o conjunto mais precioso de palavras que um homem brilhante conseguiu reunir na mente — um compêndio de 26 palavras no qual está contido o evangelho cristão eterno, a mensagem da genuína boa-nova!

Quando começamos a entender o brilho e o significado desse texto, temos a sensação de que Deus comprimiu todo o significado mais profundo e mais rico das Escrituras em um breve e glorioso segmento da verdade.

Aprendemos na escola que os diamantes são feitos de carvão natural colocado sob grande pressão e que, no devido tempo, provoca o processo de cristalização.

Se permitirmos que nossa imaginação voe um pouco, poderemos dizer corretamente que o Espírito Santo pegou o evangelho redentor e colocou-o sob a pressão emocional do Deus trino, tão incrivelmente forte e poderoso que foi cristalizado nesse diamante reluzente da verdade.

Voltando a usar a imaginação, creio que, se fôssemos capazes de colocar esse texto de João 3.16 em um dos lados da vasta balança eterna pendurada no espaço por um ser divino

O FILHO DO HOMEM

para medir seu valor para a humanidade, ele provaria ser mais precioso que todos os livros que já foram escritos por homens.

Na História, deve ter havido homens extraordinários de grande intelecto, cultura e entendimento. Penso imediatamente em Platão e Aristóteles e naquele conjunto de mentes brilhantes que viveram centenas de anos antes da vinda de Jesus ao mundo. No entanto, eu diria com toda a seriedade e argumentaria que, se todas as palavras que eles escreveram fossem colocadas em um dos lados da balança e João 3.16 do outro, elas provariam ser mais leves que o ar.

Tenho passado a vida lendo, pensando e orando — sim, e confiando também, mas estou disposto a dizer seriamente que, se pudéssemos testar o verdadeiro valor de todas as obras de Shakespeare, todas as composições grandiloquentes de Milton e tudo o que foi produzido por Scott, Victor Hugo, Emerson e Bacon e todos os outros — se fossem colocados juntos, não se comparariam em valor ao que essas 26 palavras significam para a raça humana.

É assim que eu valorizo extremamente a declaração de João 3.16.

Já ouvi dizer que João 3.16 é o texto favorito dos jovens pregadores, mas confesso que não me lembro de ter tido a coragem de preparar e pregar um sermão usando João 3.16 como meu texto. Imagino que já o citei umas 15 ou 20 mil vezes em oração e em testemunho, na escrita e na pregação, mas nunca como texto para sermão.

Ellicott, um dos ilustres e antigos comentaristas do século XIX, disse mais ou menos isto a respeito de João 3.16 em seus comentários textuais: "Não tenho a intenção de falar muito a respeito deste texto. É o favorito dos pregadores jovens, mas os pregadores antigos acham que é melhor senti-lo do que falar sobre ele".

Profunda gratidão

Penso que minha hesitação em pregar o texto de João 3.16 se resume a isto: agradeço tão profundamente porque ele me assusta — o texto de João me sufoca até o ponto de sentir-me incompetente, quase desesperado. E mais: sei que, se um pastor tenta pregar João 3.16, ele deve ser dotado de grande compaixão e amor genuíno por Deus e pelos homens.

No entanto, desta vez estou envolvido em uma série contínua no evangelho de João, e essa sarça em chamas encontra-se diante de nós no caminho. Não posso contorná-la nem me atrevo a fugir dela!

Aproximo-me dela. Aproximo-me como alguém cheio de grande temor e, ao mesmo tempo, de grande fascinação. Tiro os sapatos, pelo menos os sapatos de meu coração, enquanto vou ao encontro dessa declaração: "Deus tanto amou o mundo".

Isso é mais que um pensamento — é uma mensagem divina, digna de ser expressa por um arcanjo. Pode ser reafirmada, e é tudo o que espero fazer com ela.

Posso reafirmá-la em uma aplicação mais pessoal, porque ela tem este significado para mim: diz que represento algo para Deus. Diz que sou precioso para ele. Deus deseja revelar-se a nós em termos pessoais. Deseja mostrar-nos que, ao amar o mundo, ele ama cada um de nós individualmente, porque representamos algo para ele. Somos importantes para ele. O próprio Deus se preocupa emocionalmente com cada um de nós.

Se eu lhe dissesse apenas estas três coisas a respeito de Deus e seu amor, e você ouvisse com o coração e com os ouvidos, poderia enviar-lhe uma bênção, sabendo que sua viagem teria valido a pena, não importa a distância que você percorreu.

O fato de que Deus amou tanto o mundo, reafirmado em termos pessoais, significa que Deus se preocupa emocionalmente com você!

Significa que você é importante para Deus. Trata-se de uma afirmação de que você representa algo para Deus.

Isso nos leva a uma estranha contradição na natureza humana: o fato de que uma pessoa pode exalar o odor do orgulho, exibir um ego inflado e se envaidecer como um pavão — e ainda assim ser a pessoa mais solitária e infeliz do mundo.

Essas pessoas estão ao nosso redor, fingindo e fazendo um jogo. Interiormente, estão quase sufocadas por uma enorme solidão, pela forte sensação de orfandade no esquema final das coisas.

Uma pessoa assim sabe muito bem que está sozinha, apesar de viver atarefada e ser ativa, porque, naquilo que é importante, ela é órfã. No sentido em que estamos falando, ela não tem um pai a quem recorrer. Não há uma mãe que possa consolá-la.

Seus sentimentos interiores lhe dizem que não há ninguém, em lugar algum, que se preocupe emocionalmente com ela.

Mesmo que sua pequena família se preocupe com ela, essa não é a resposta, porque eles morrerão juntos com ela.

O resultado desse estranho e doloroso senso de solidão e orfandade universal para o ser humano pode ser resumido assim:

Amor divino que se tornou carne

"Que vantagem há em ser um ser humano? Ninguém se importa comigo.

"Não sou importante para ninguém, a não ser para o pequeno círculo mortal ao meu redor e, quando vão embora, não me dão a mínima importância!"

Esse complexo é um dos resultados mais dolorosos do pecado, porque o mesmo Diabo que um dia perguntou a Eva: "Foi isto mesmo que Deus disse?" estava, na verdade, dizendo: "Você não é nem um pouco importante para Deus. Deus mentiu para você!".

Temos de dizer que Eva acreditou na mentira de Satanás, a mentira de que Deus não se importava com ela e de que Deus não tinha nenhum vínculo emocional com sua vida e seu ser. Assim, o pecado entrou no mundo com todas as suas desgraças, trazendo com ele um medonho rastro de morte.

Deus nos fez como somos

A verdade é que Deus nos fez como somos: tão vastos, tão complexos e com muitas capacidades extraordinárias, tanto intelectuais quanto espirituais. Somente o pecado, a derrota e a morte podem trazer essa sensação de orfandade, essa sensação de ter sido expulso da casa do pai e que ocorre após a casa ter sido incendiada e o pai ter morrido.

É nesse ponto que a pessoa não regenerada se encontra no mundo atual. É por isso que os Napoleões, os Hitlers e os Stalins se esforçam para conquistar, prevalecer e tornar-se imortais. Tentam dar um jeito para que, quando partirem deste mundo, o mundo se lembre deles. Pensam erroneamente que alguém se importará com eles!

Isso também explica a história do poeta que, ao fazer uma retrospectiva de muitos anos de sua vida, lembrou que, na infância, "escrevi no alto um nome que julguei que nunca morreria".

Quando, porém, o poeta voltou à cena de sua infância ocorrida aos 8 anos de idade e viu seu nome gravado com letras mal escritas de um menino, ele sorriu — mas ficou envergonhado. Ele era um ser humano e lembrou-se desse desejo em sua vida quando era menino, o desejo de ser importante para alguém, de significar algo para alguém.

No entanto, há um aspecto neste contexto que devemos considerar seriamente, porque a hora na qual vivemos pode ser a hora de uma grande onda humanística.

Nessa condição humanística, o indivíduo não é mais motivo de preocupação. O indivíduo não tem mais nenhuma importância no tipo de sociedade em que vive.

Somos forçados a pensar na raça humana como uma massa informe.

Somos treinados a pensar na raça humana em termos de estatística.

Somos ensinados a pensar na raça humana como se fosse uma raça de galinhas; a população, tudo relacionado intrinsecamente, mas o indivíduo não é levado em conta.

Essa é a maldição do estadismo. Essa é a maldição da filosofia da ditadura e a arma dos governos totalitários na época do antigo Império Romano e das ideologias mais modernas do nazismo, fascismo e comunismo.

O Estado é feito para ser tudo. O partido ou a organização significa tudo, mas o indivíduo não significa absolutamente nada.

Deus lida com indivíduos

Diante da forma e da força desse tipo de humanismo em nossos dias, temos o evangelho cristão, maravilhosamente iluminado, com a garantia para todos os que ouvirem:

"Você é um indivíduo e tem importância para Deus. Ele não se preocupa com gênero ou raça, mas com os indivíduos que criou".

Quando se tornou Filho do homem e andou na terra, o Filho eterno de Deus sempre chamou indivíduos para estar a seu lado.

Ele não pregava para as multidões como se fossem um aglomerado sem rosto. Pregava para o povo como indivíduos e conhecia os fardos e as necessidades de cada um.

Os indivíduos eram importantes para ele. Ele se preocupava emocionalmente com os seres individuais.

A mulher cujos acusadores disseram que foi surpreendida em adultério estava caída no pó, pronta para ser apedrejada até a morte, mas o Filho do homem a ergueu delicadamente. Concedeu o perdão de Deus a ela como pessoa e disse-lhe que fosse e não pecasse mais.

Há dois mil anos, não era fácil para as mulheres serem consideradas indivíduos neste mundo. No entanto, o registro do evangelho é claro: Jesus escolheu mães nas multidões e tocou e abençoou seus filhinhos, garantindo-lhes individualmente que deles é o Reino de Deus (v. Marcos 10.14).

Oh, meus irmãos, Jesus não veio ao mundo para lidar com estatísticas!

Ele lida com indivíduos, e é por isso que a mensagem cristã é e sempre foi: Deus ama o mundo.

Não estou dizendo que Deus só ama as multidões. Ele ama as multidões e aglomerações somente porque são constituídas de indivíduos. Ama cada indivíduo no mundo. No entanto, parece que o mundo desconhece esse fator individual no amor de Deus.

Penso que estou começando a entender o que Dwight Moody disse certa vez sobre o efeito do amor de Deus. Esta citação é atribuída a ele: "Se eu conseguisse convencer cada pessoa deste mundo a acreditar que Deus a ama, conseguiria converter o mundo inteiro!".

A afirmação pode ser exagerada, mas concordo com ele que muitos indivíduos pensam que o amor de Deus se concentra apenas em uma massa informe — e exclui o indivíduo.

Você precisa apenas olhar ao redor e observar seriamente para confirmar o fato de que o Diabo tem obtido êxito em plantar sua mentira de que ninguém se importa com a pessoa individualmente.

Até mesmo na natureza à nossa volta parece haver pouco cuidado individual. A preocupação é sempre voltada para o cuidado com as espécies.

O poeta Tennyson disse a respeito da natureza: "Tão preocupada com a espécie ela aparenta estar; tão despreocupada com a única luz".

A natureza plantou dentro de cada ser humano normal o desejo ardente de autopropagação, e esse desejo garante a perpetuação da raça.

No entanto, quando o indivíduo perpetua sua raça, ele morre e volta ao pó. Todas as tribos que vivem na terra hoje não passam de um punhado quando comparadas àquelas que dormem em seu interior.

Desde que a longa contagem dos anos começou, mães de família e donzelas, soldados e reis, homens cultos e tolos, homens no auge da velhice, todos estão deitados juntos.

Quem se importa de verdade com a geração passada?

A natureza parece confirmar a ideia de que você e eu temos muito pouca importância no grande esquema do vasto Universo. A natureza decaída parece confirmar a noção sustentada por muitos homens e mulheres exaustos e agonizantes: "Há poucos que se importam quando vivemos e menos ainda quando morremos".

Somos eternamente gratos a Deus pela mensagem cristã, pela esperança cristã e pelo milagre de vidas humanas transformadas que nos asseguram que Deus se importa conosco e nos ama individualmente.

Somos também eternamente gratos a Deus porque seu cuidado e preocupação não são dirigidos especificamente às pessoas bondosas, às pessoas respeitáveis e àquelas que possuem meios de se sustentar.

Ninguém para muito para pensar no velho andarilho que entra sem cerimônia no salão da missão. Certamente ele é um beberrão. Parece que usa aquelas roupas surradas desde que nasceu. Seu corpo envelhecido e cansado parece carregar o odor de cada lugar em que ele esteve durante os últimos dez anos.

Quando está sóbrio o suficiente, ele ainda se lembra da infância e daqueles que o amaram e o sustentaram. Agora só lhe dizem: "Saia daqui, cara"; é expulso até dos lugares onde os andarilhos encontram algum refúgio.

Ele sente apenas a solidão do vasto e tempestuoso Universo. Soprado como se fosse grãos de poeira ou folhas de outono, ele conhece apenas a profunda sensação de tristeza e completa orfandade, como se tudo o que havia sido importante tivesse morrido.

No passado e até este momento, o evangelho cristão continua a confrontar todo desânimo e abandono de cada cultura e em cada país, insistindo:

"Ei, você, espere um pouco! Você aí com roupa suja e barba por fazer, que cheira mal e tem o rosto encovado, espere um pouco.

"Alguém que é muito importante não está feliz por ver você deste jeito. Ele é Alguém que sabe seu nome. Lembra-se de você e o ama onde você está e como você é. Você é importante para ele!".

Então, uma pessoa sorridente, feliz e abençoada pela graça e misericórdia do carinhoso Salvador, sussurra no ouvido do necessitado: "Deus o amou de tal maneira que deu seu Filho Unigênito para que todo aquele que nele crer — e isso inclui você — não pereça, mas tenha a vida eterna!".[1]

Ele sabe muito bem que você não é importante para o prefeito da cidade. Sabe que não é importante para o chefe de polícia. Sabe que não é amado pelo governador, pelo presidente, nem pelos membros do gabinete do presidente.

No entanto, a beleza reluzente e o brilho da mensagem chegam finalmente até ele:

"Você é importante para o Deus vivo e amoroso de toda a criação. Acima de tudo o que existe no Universo inteiro, ele se preocupa com você, chama você e tem planos misericordiosos para você!".

[1] V. João 3.16. [N. do T.]

O diamante da verdade

Esta é a alta compressão. Esta é a faceta maravilhosa do diamante da verdade que Deus atirou, feliz e despreocupado, ao mundo, dizendo: "Peguem!".

Que mensagem para o pecador! Que mensagem para o fracassado! Que mensagem para o maior dos solitários! Que mensagem para os homens e mulheres que se distanciaram de Deus depois de terem aprendido os importantes versículos bíblicos em um lar piedoso e na escola dominical!

E quanto aos rapazes que foram para a guerra? E quanto aos homens e mulheres esquecidos em hospitais e instituições? E quanto àqueles que ficaram sob os escombros de um trágico acidente? E quanto àqueles que caíram em si, mas continuam presos nas correntes dos hábitos, do abuso e da autogratificação?

Quantos ergueram os olhos em direção a Deus e disseram: "Oh, Deus, quando criança, eu ouvia falar que eu era importante para ti. Alguma coisa mudou? Mudaste de ideia, Deus?".

Ainda não há registros, mas em muitos lugares e em muitos casos a antiga, porém misericordiosa, voz de Deus provoca lembranças das promessas de Deus àqueles que creem e confiam:

"Não, filho, não houve nenhuma mudança da parte de Deus. As promessas continuam válidas. A graça e a misericórdia continuam a fluir. Não estou feliz com sua condição, porque o amo tanto que dei meu único Filho para que todo o que nele crer não pereça, mas tenha a vida eterna".

Agora vou dizer algo aqui que não desejo estabelecer como doutrina oficial de ninguém, mas estou totalmente certo de que há mães cristãs que choram pelos filhos que imaginam estar hoje no inferno.

Alguns desses filhos nos saudarão naquele dia feliz da reunião eterna.

Você acha que o ladrão na cruz não tinha mãe?

E acha que o ladrão na cruz não se encontrava no coração terno de sua mãe enquanto enfrentava a morte?

Não imagina que a mãe pensou consigo mesma: "Falhei com ele, e a sociedade falhou com ele, e ele falhou com a sociedade. Ele está morrendo como um criminoso. Meu filho, meu filho!".

O que aquela mãe não sabia era que Aquele que ama e cuida estava a uma curta distância. O que ela não sabia era que o jovem rebelde e traidor olhou para Aquele que se importava com ele e disse com fé: "Jesus, lembra-te de mim quando entrares no teu Reino" (Lucas 23.42b).

Agonizante, nosso Senhor Jesus respondeu-lhe com firmeza: "Eu garanto: Hoje você estará comigo no paraíso" (v. 43).

A mãe sabia apenas que o filho havia morrido por execução; seu cabelo embranqueceu, o rosto ficou mais cansado e a tristeza aumentou quando aquele dia terminou e ela sabia que ele havia morrido.

O que ela não sabia era que alguém no Universo amava, cuidava e perdoava com um amor muito maior que o de uma mãe. Ela não sabia que o Eterno que viera salvar seu povo de seus pecados estava emocionalmente envolvido — o filho dela era importante aos olhos de Deus.

Os homens haviam tirado seu filho da cela. Haviam levado seu filho para ser executado. Mas agora ele tinha importância.

De repente, ele se torna importante em sua confissão de fé, e não existe um anjo no coral do céu mais importante que ele. Seu nome como um dos redimidos ecoa ao longe no céu prometido por Deus, porque a mensagem diz: "Deus tanto amou"!

Felizmente, irmãos, esse amor não é amor por uma raça, mas amor pelos indivíduos.

Estamos certos quando cantamos: "Jesus, o amor de minha alma". Estaremos errados se cantarmos: "Jesus, o amor da raça humana".

No sentido mais restrito, não existe raça humana. A raça é composta de indivíduos, e, se eliminarmos os indivíduos, não teremos raça humana.

Existem multidões, e às vezes os evangelistas gostam muito de pregar para uma multidão. Mas a multidão é simplesmente um ajuntamento de indivíduos.

Cada indivíduo tem significado eterno

À luz do amor de Deus, devemos sempre lembrar que cada indivíduo tem significado eterno e é importante no coração de Deus e que ele se preocupa emocionalmente com o indivíduo.

Existe ainda o dia da graça e da misericórdia de Deus e disposição para perdoar, e não há nenhum ser humano em nenhum lugar que tenha sido rejeitado ou posto de lado por "não ser bom e ser um caso totalmente perdido".

Deus diz claramente que não há nenhum justo, que precisamos ser salvos e que pereceremos se não nos arrependermos. Mas no sentido de ser um caso perdido, impossível de ser perdoado e impossível de converter-se, não existe ninguém.

Eu o aconselho a não dar ouvidos a qualquer pretenso intérprete da verdade que insista em que Deus escolheu alguns para ser salvos, desistiu do resto, e aqueles que não foram escolhidos não são bons; são vasos de ira preparados para a destruição e criados por Deus para seu divertimento e condenação.

Não dê ouvidos àqueles que ensinam aquilo que Wesley chamou de "decreto horrível".

Eu nunca disse que existe o bem em todas as pessoas, mas digo que há Alguém que as ama e cuida delas, sejam elas boas ou não. E digo que há um Deus amoroso que se preocupa emocionalmente com elas.

Saímos muitas vezes da igreja conversando descuidadamente sobre muitas coisas, mas quero que digam uns aos outros: "Aquele que estava com o Pai, que veio e relatou o que viu, diz claramente que somos importantes para Deus como indivíduos; e que ele veio do alto não para condenar o mundo, mas para que o mundo pudesse ser salvo e vivesse".

Tenho aconselhado pessoas que me dizem: "Dr. Tozer, quero acreditar no que Deus diz, mas sou pecador, mentiroso e cometo erros. Fiz promessas e quebrei-as. Fiz promessas e não as cumpri. Não sou nem um pouco bom!".

Também é surpreendente que toda aquela recriminação ocorra depois que o próprio Deus teve a preocupação de proclamar seu amor e assegurar-nos de que somos importantes para ele.

Deus nunca assinalou que espera que sejamos moralmente bons. Assinalou, no entanto, que temos um potencial que ele conhece bem e que espera que lhe demos glória para provar a sensatez de sua misericórdia e graça por toda a eternidade.

Ora, podemos apenas mencionar que a fé vem pelo ouvir a Palavra e que ela começa a agir assim que começamos a afirmá-la.

Nossa parte é recorrer a Deus com fé, confessando nossa grande necessidade e agradecendo-lhe por ter revelado seu amor e preocupação por nós por meio de Jesus Cristo, o Filho eterno.

A fé vem pelo ouvir e a fé torna-se perfeita quando você ora e conversa com Deus, seu Pai celestial. Ele anseia por ouvir você lhe confidenciar: "Oh, Deus, creio que sou importante para ti e creio em Jesus Cristo como meu Senhor e Salvador".

Talvez essas palavras pareçam simples demais: sinceramente, é simples e fácil atirar-se nos braços de Deus pela fé!

Apresente-se diante dele pela primeira vez como pecador, pedindo perdão e salvação.

Volte-se para Deus, se você se afastou dele. Volte para casa, se você se desviou do caminho.

Cada um de nós deve se apresentar com plena confiança de que Deus nos disse uma palavra pessoal nesta proclamação, a mais importante de todas: "Porque Deus tanto amou o mundo que deu o seu Filho Unigênito, para que todo o que nele crer não pereça, mas tenha a vida eterna".

CAPÍTULO 7

A intenção divina

Pois Deus enviou o seu Filho ao mundo, não para condenar o mundo, mas para que este fosse salvo por meio dele. (João 3.17)

A mensagem convincente de João 3.17 é mais que uma declaração da intenção de Deus para com a raça humana, porque, na realidade, ela constitui uma "proclamação extraordinária"!

Trata-se de uma proclamação de três partes ligada lindamente a João 3.16. Assim, recebemos a garantia de que Deus enviou seu Filho ao mundo; que Deus não o enviou para condenar o mundo; e que Deus o enviou para que o mundo pudesse ser salvo.

Pelo fato ter estado tão envolvido com essa passagem em meus preparativos, acordando com ela, andando com ela, meditando nela, tenho uma pergunta que queima dentro de mim e preciso fazê-la. Desconfio que ela pode ser chamada de "pergunta não respondida".

A pergunta não está relacionada a uma interpretação desta parte do evangelho de João.

É uma pergunta sobre as reações humanas a esta proclamação comovente do Deus vivo:

Por que há uma total indiferença e por que há uma apatia incrível a essa extraordinária proclamação das melhores intenções de Deus em relação a nós?

O FILHO DO HOMEM

Não basta responder que as pessoas não regeneradas são indiferentes às coisas espirituais. É preciso ser dito claramente que há também uma apatia e displicência espantosas mesmo entre os cristãos professos de nossas igrejas.

Essa é uma mensagem extremamente séria e importante vinda do coração do próprio Deus; no entanto, mesmo tendo pleno conhecimento dela, as pessoas se mostram indiferentes.

Sobre nossos olhos parece ter caído uma estranha obscuridade.

Dentro de nossos ouvidos parece ter caído uma estranha apatia.

Em nossa mente há um entorpecimento, e em nosso coração, receio que haja uma grande calosidade.

É uma maravilha, e também uma terrível responsabilidade, recebermos essa mensagem vinda do coração de Deus para nós e ficarmos tão passivos em relação a ela!

Ora, se nunca tivéssemos recebido essa comunicação de Deus, eu talvez entendesse por que conseguimos seguir nosso caminho e, como Tennyson disse, "alimentar uma vida irracional dentro do cérebro como ovelhas".

Se eu não tivesse recebido nenhuma palavra pessoal do Senhor, entenderia por que vamos à igreja e nos sentamos em estoico silêncio; por que nos ajoelhamos em oração e sussurramos em um ouvido que não ouve; por que nos levantamos de manhã e nos preocupamos mais em saber se o jornal chegou do que com as verdades espirituais e eternas.

Se esse versículo nunca tivesse sido confiado a nós, eu seria capaz de explicar nossa indiferença e apatia.

Poderia dizer: "É a indiferença do desespero ou a apatia do desespero". Poderia usar a ilustração dos israelitas no desespero do cativeiro no Egito, com uma geração após outra sendo escravizada. Eles não tinham nenhuma esperança de mudar a situação. Não tinham nenhuma expectativa.

Se esse versículo não estivesse aqui, eu saberia por que somos do jeito que somos. Se essa proclamação extraordinária não tivesse sido feita, eu poderia entender por que somos tão infelizes. Poderia entender por que os seres humanos andam olhando para baixo como os animais e raramente olham para o céu.

Contudo, diante do fato que foi revelado dois mil anos atrás, posso apenas perguntar: qual é o nosso problema? Por que há uma reação tão pequena? Por que esse grande entorpecimento recai sobre nós desta forma?

Alguns pensam que somos pessoas espirituais e que pertencemos a igrejas espirituais. Com toda a franqueza, penso que muitos mudariam de ideia se soubessem como é pequena a reação, como é pequena a sensibilidade ao Espírito, como é pequeno o anseio do coração quanto a assuntos espirituais.

Uma vitória do mal

Creio sinceramente que essa apatia é uma vitória tática da maldade organizada. E não me refiro ao crime organizado. Não sei muita coisa a respeito de espíritos das trevas que andam pelo mundo e quero saber menos ainda à medida que me aproximo mais de Deus pela graça!

Sei, porém, que a Bíblia ensina que há espíritos sinistros perambulando por aí. A Bíblia fala deles como principados, poderes e domínios. Estão, sem dúvida, por toda parte, invisíveis a olho nu, inaudíveis aos ouvidos, mas são as legiões do inferno. São a quinta coluna da iniquidade, presentes no mundo com a missão de corromper, caluniar, destruir, cegar e matar, como o ladrão que entra no aprisco.

A missão deles é bater em nossa cabeça com a propaganda do inferno até ficarmos zonzos, cambaleantes e totalmente aturdidos, sem ânimo ou esperança, sem sonhos imortais. Creio que essa é a vitória tática do Diabo ao nosso redor.

Creio, então, que os próprios semblantes entorpecidos e desanimados que os cristãos ostentam surpreendem as distantes criaturas não caídas.

A Bíblia fala dos seres não caídos, dos vigilantes, dos santos, anjos e arcanjos. São criaturas santas que continuam a servir e a adorar fielmente o Deus vivo.

Não sei até que ponto vai o conhecimento deles, mas eles devem saber alguma coisa!

Foram enviados para anunciar com alegria o nascimento de Jesus na plenitude do tempo.

Depois foram enviados para anunciar a ressurreição de Jesus.

Lemos em Apocalipse que eles voam no céu e se movimentam entre os homens, portanto devem estar aqui.

Repito, então, que a indiferença com que aceitamos o amor e a preocupação de Deus deve ser uma grande surpresa para as criaturas santas.

Os cristãos apresentam muitas desculpas por sua falta de interesse e entusiasmo pelas coisas que são de máxima importância para o coração de Deus.

Alguns se justificam ao comparar-se com outros a quem chamam de extremistas e fanáticos.

"Temos personalidade mais moderada. Somos mais instruídos. Somos mais cultos, e é por isso que não demonstramos muito as nossas emoções!"

Se eu considerasse verdadeira essa resposta, diria: "Graças a Deus". Mas não a considero nem um pouco verdadeira.

Em nossa comunidade, tão logo a bênção é impetrada, qualquer um teria muita dificuldade de ouvir o arcanjo Gabriel se ele tentasse tocar a trombeta um pouco acima de nossa cabeça. Somos rápidos para entabular uma conversa e falamos alto e entusiasmados uns com os outros.

Irmãos, o fato de que podemos lidar com o amor, a misericórdia e a graça de Deus com silêncio e indiferença quase totais não é uma prova de nossa cultura, mas uma prova de nosso pecado! Não é uma prova de que temos boa instrução, mas de que sofremos com a dureza de coração!

Nossas atitudes em relação a Deus e a seu amor resultam em vitória para a maldade organizada e podem muito bem surpreender as criaturas não caídas, mas isso não é tudo.

Um grande sofrimento

Creio que nossas atitudes devem causar grande sofrimento ao próprio Deus, porque ele tenta nos conduzir ao louvor, deleite e devoção.

Acredito sinceramente que faz parte da natureza de Deus deleitar-se com o entusiasmo, e não me refiro aos aspectos extremos do fanatismo.

Refiro-me aos antigos registros a respeito do carinho, do brilho e da alegria de nosso Senhor quando andou conosco aqui na terra. Leio e estudo e tenho certeza de que o Senhor Jesus Cristo tinha uma afeição especial pelos bebês e criancinhas e acho que sei por quê.

Os pequeninos são sempre cheios de entusiasmo e vigor, alegres, autênticos. Suas reações são espontâneas, sinceras e verdadeiras. Fazem o que fazem com simplicidade, mostrando a reação imediata de seu coração infantil.

Jesus chamou as crianças, impôs as mãos sobre elas e as abençoou. Depois disse que delas é o Reino dos céus (v. Marcos 10.14).

Em razão disso, os teólogos discutem essas palavras desde então, querendo saber qual é o seu significado!

As pessoas de coração simples sabiam que Jesus amava as criancinhas porque eram inocentes, sinceras e não sujeitas a serem corrompidas. Reagiram a ele e a seu amor sem parar para pensar e medir todas as consequências.

Uma criança pequena nunca se preocupa em fingir diante dos adultos como eles costumam fazer quando querem que os outros acreditem que são mais do que realmente são.

Em sua famosa obra sobre a vaidade humana, Wordsworth[1] descreve que, quando nascemos, descemos da mão de Deus arrastando nuvens de glória. Ele mostra um pouco do céu trazendo o menino em crescimento.

Então, à medida que o rapaz se afasta cada vez mais do lar, triste e trágico como pode ser, a glória se evapora e finalmente desaparece. O pedacinho de céu que um dia rodeava o recém-nascido desaparece como o orvalho antes do nascer do sol, até não mais existir nenhuma glória.

O rapaz torna-se o adulto que se esqueceu de Deus. Seu coração é duro. Ele é um homem carnal, pecador e abatido, e a terra fecha-se completamente ao seu redor.

Esse não é um caso excepcional — tem mais probabilidade de ser a regra. Quantos em nossos dias sabem que existe

---

[1] William Wordsworh, poeta romântico inglês (1770-1850). [N. do T.]

essa casca grossa que envolve nosso coração, nosso ser — e, ainda assim, nunca enfrentam nem confessam isso!

Todos os que chegaram aos anos de responsabilidade parecem ter ficado na defensiva. Mesmo aqueles que me conhecem há anos certamente estão na defensiva — nunca baixam a guarda!

Sei que você não está com medo de mim, mas com certeza está com medo do que vou dizer. É provável que todo pregador fiel da atualidade esteja se esquivando dos mestres quando olha para sua congregação. Ele nunca baixa a guarda. Está sempre preparado para defender-se rapidamente.

Guarda completamente baixada

Tenho muita dificuldade de aceitar o fato de que hoje é muito raro alguém entrar na casa de Deus com a guarda completamente baixada, de cabeça curvada e com esta silenciosa confissão: "Amado Senhor, estou pronto e disposto a ouvir o que vais falar ao meu coração hoje!".

Tornamo-nos tão cultos, tão ligados às coisas do mundo, tão requintados, tão apáticos e tão cansados de religião que as nuvens de glória parecem ter desaparecido de nós.

O simples fato de que devo me pronunciar desta maneira é, em si, incriminador: incriminador porque, quando lido, um versículo como esse não provoca uma resposta imediata e revigorante no coração do homem.

Deus enviou seu Filho ao mundo. Não o enviou para condenar o mundo. Enviou-o para que o mundo fosse salvo!

Pergunto novamente: como podemos demonstrar tanta indiferença diante dele?

Irmãos, quem envenenou nosso cálice?

Que alianças malignas fizemos?

O que o pecado tem feito em nosso coração?

Que demônio está dedilhando as cordas da harpa de nossa alma?

Quem nos está oferecendo sedativos e nos alimentando com o remédio da apatia?

O que aconteceu conosco? Por que falamos sobre isso, cantamos sobre isso e até pregamos sobre isso — e, mesmo assim, continuamos intocáveis e paralisados?

Wordsworth não era pregador, mas, em sua época, fez ressoar essas mesmas perguntas não respondidas quando escreveu com sinceridade de alma: "Prefiro ser um pagão e acreditar em um credo pagão ultrapassado, parar na praia do oceano e imaginar que posso ouvir o velho Netuno ou o velho Tritão tocar sua corneta a ser um cristão civilizado dentro do qual tudo morreu".

Vivemos em dias de tentações, e o mundo está o tempo todo conosco, ganhando e gastando. Contudo, até para o tipo de mundo em que vivemos, até para a raça humana em sua atual condição, não há nenhuma mensagem, nenhuma esperança, nenhuma palavra de autoridade ou promessa que se compare à proclamação de amor e perdão pronunciada por Deus.

Poderá haver um tempo bem distante no glorioso amanhã quando tudo o que sabemos hoje passou, o pecado foi embora, as sombras foram afastadas do Sol e as rugas na testa dos homens desapareceram. Haverá, então, outras proclamações mais novas e maiores que Deus pode anunciar com base nesta. Mas, para nós, na atual condição em que vivemos, não há outra proclamação tão grande quanto esta.

A intenção divina

Ora, quando declara que Deus enviou seu Filho ao mundo, a Palavra não está falando conosco a respeito do mundo geográfico. A Palavra não indica para nós que Deus enviou seu Filho ao Oriente Médio, que o enviou a Belém, na Palestina.

Jesus foi enviado a Belém, claro. Foi enviado àquela cidadezinha que se localiza entre os mares. Mas essa mensagem não tem nenhum significado geográfico nem astronômico. Não tem nada que ver com quilômetros, distâncias, continentes, montanhas e cidades.

O que a Palavra diz realmente é que Deus enviou seu Filho à raça humana. Ao referir-se ao mundo, ela não quer dizer que Deus amou apenas nossa geografia. Não quer dizer que Deus amou tanto as montanhas cobertas de neve, as campinas beijadas pelo sol, os rios e os grandes picos do Norte.

Deus ama todas essas coisas. Penso que sim. Você não pode ler o livro de Jó ou de Salmos sem entender que Deus é apaixonado pelo mundo que ele criou.

Ele veio para pessoas

Esse, porém, não é o significado dessa passagem. Deus enviou seu Filho à raça humana. O Filho veio para pessoas. Isto é algo que nunca devemos esquecer: Jesus Cristo veio para buscar e salvar pessoas. Não veio apenas buscar e salvar algumas pessoas favorecidas. Não veio apenas buscar e salvar alguns tipos de pessoas. Não apenas pessoas em geral.

Nós, seres humanos, temos a tendência de usar termos genéricos e termos gerais, e rapidamente nossa perspectiva se torna científica. Vamos deixar essa perspectiva de lado e confessar que Deus amou cada um de nós de uma forma tão

O FILHO DO HOMEM

especial que seu Filho veio para dentro das pessoas, para as pessoas e pelas pessoas do mundo — e até se tornou uma delas!

Se você imaginasse que era semelhante a Puck[2] e fosse capaz de traçar um círculo ao redor da Terra durante um cochilo, pense nos tipos de pessoas que veria de uma só vez. Veria aleijados, cegos e leprosos. Veria gordos, magros, altos e baixos. Veria o sujo e o limpo. Veria algumas pessoas andando pelas ruas com segurança, sem medo da polícia, mas veria também aqueles que se escondem em vielas e atravessam janelas quebradas. Veria pessoas sadias e outras se contraindo e se contorcendo nas últimas agonias da morte. Veria ignorantes e analfabetos, bem como aqueles que se reúnem sob as árvores em alguma escola superior da cidade, alimentando grandes sonhos de escrever excelentes poemas, peças ou livros para surpreender e encantar o mundo.

Pessoas! Você veria milhões de pessoas: pessoas cujos olhos com formato mais puxado que os seus e pessoas cujos cabelos não se assemelham aos seus.

Elas têm costumes e hábitos diferentes dos seus. Mas todas são pessoas. A verdade é que as diferenças são todas externas. As semelhanças estão todas dentro da natureza delas. Essas diferenças têm que ver com costumes e hábitos. E as semelhanças, com a natureza.

Irmãos, vamos guardar estas palavras como tesouro: Deus enviou seu Filho a pessoas. Ele é o Salvador de pessoas. Jesus Cristo veio para dar vida e esperança a pessoas como sua família e como a minha.

---

[2] Ou Robin Goodfellow. Personagem brincalhão e travesso do folclore inglês e também personagem da peça *Sonhos de uma noite de verão*, de Shakespeare. [N. do T.]

A intenção divina

O Salvador do mundo sabe qual é o verdadeiro valor de cada alma viva. Não dá nenhuma atenção a *status*, honra ou classe humana. Nosso Senhor não sabe nada a respeito dessa questão de *status* do qual tanto se fala. Quando veio ao mundo, Jesus nunca perguntou a alguém: "Qual é o seu QI?". Nunca perguntou a alguém se ele ou ela havia viajado muito. Devemos agradecer a Deus porque ele enviou Jesus — e Jesus veio! As duas afirmações são verdadeiras. Não se contradizem. Deus enviou Jesus como Salvador! Cristo, o Filho, veio para buscar e salvar! Veio porque foi enviado e veio porque seu enorme coração o incentivou e o compeliu a vir. Agora vamos pensar na missão para a qual ele veio. Você sabe o que eu penso a respeito de nossa situação como pessoas, como seres humanos?

Vamos imaginar que voltamos à condição do paganismo. Vamos imaginar que não possuímos Bíblias nem hinários e que esses dois mil anos de ensino e tradição cristãos nunca existiram. Estamos por nossa conta, humanamente falando.

De repente, alguém chega e anuncia: "Deus está enviando seu Filho à raça humana. Ele está chegando!".

Qual seria o primeiro pensamento que nos viria à mente? O que nosso coração e nossa consciência nos diriam imediatamente? Correríamos para nos esconder atrás das árvores e das rochas como Adão entre as árvores do Éden.

Qual seria a missão lógica para a qual Deus enviaria seu Filho ao mundo? Sabemos qual é a nossa natureza e que Deus sabe tudo a nosso respeito e está enviando seu Filho para ficar frente a frente conosco.

Por que o Filho de Deus viria para a raça humana?

103

Nosso coração — o pecado, as trevas, o engano e a doença moral dizem-nos qual deve ser a missão dele. O pecado que não podemos negar diz-nos que talvez ele viesse para julgar o mundo!

Por que o Espírito Santo traz esta proclamação e palavra vinda de Deus que diz: "Pois Deus enviou o seu Filho ao mundo, não para condenar o mundo [...]" (João 3.17)?

Homens e mulheres são condenados em seu próprio coração porque sabem que o Justo está vindo e devemos receber a sentença.

Deus, porém, tem um propósito muito maior e muito mais misericordioso — Jesus veio para que os pecadores fossem salvos. A missão amorosa de nosso Senhor Jesus Cristo não foi para condenar, mas para perdoar e resgatar.

Por que ele veio para os homens, não para os anjos caídos? Bom, eu já disse isso neste púlpito e poderia estar certo, embora muitos pensem que devo estar errado porque outros não estão dizendo isto. Creio que Jesus veio para homens, não para anjos, porque o homem foi criado à imagem de Deus, mas não os anjos. Creio que ele veio para a descendência pecadora de Adão, não para os demônios, porque a descendência pecadora de Adão, ao nascer, tinha a própria imagem de Deus.

Decisão moralmente lógica

Creio, portanto, que foi uma decisão moralmente lógica: Jesus veio ao mundo com carne e corpo de um ser humano, porque Deus havia feito o homem à sua imagem.

Creio que, apesar de o homem ter pecado, estar perdido e a caminho do inferno, ele ainda tinha uma capacidade e

A intenção divina

um potencial que tornaram possível a encarnação, para que o Deus todo-poderoso pudesse puxar os cobertores da carne humana em volta dos ouvidos e se tornasse um Homem para andar entre os homens.

Não havia nada parecido entre os anjos e as criaturas decaídas — portanto ele não veio para condenar, mas para resgatar, restaurar e regenerar.

Temos tentado pensar nessa condescendência de Deus em termos pessoais e individuais e no que ela deve significar para que cada um de nós seja amado por Deus dessa maneira.

Penso que ouvi alguém dizer: "João 3.16 não menciona a cruz. Você fala sobre o amor de Deus, mas não menciona a cruz e sua morte em nosso favor!".

Permita-me dizer que há alguns que insistem e imaginam que, todas as vezes que pregamos, devemos abrir a boca e, dentro de um enorme parágrafo redondo, incluir cada parte da teologia que existe para pregar.

João 3.16 não menciona a cruz, e eu declaro a você que Deus não é nem um pouco provincial como nós, os seres humanos, somos. Ele revelou tudo, incluiu tudo e disse tudo em algum lugar do Livro, para que a cruz se destacasse como um grande pilar, brilhante e reluzente, no meio das Escrituras.

Lembramos também que sem a cruz na qual o Salvador morreu não poderia haver nenhuma Escritura, nenhuma revelação, nenhuma mensagem redentora, nada! Mas aqui ele nos deu uma proclamação amorosa — enviou seu Filho; deu seu Filho! E depois descobrimos que, ao dar seu Filho, ele o deu para morrer!

Tenho dito que esta deve ser uma palavra pessoal para cada homem e cada mulher. Assim como o filho pródigo na

O FILHO DO HOMEM

mais comovente de todas as histórias, todos nós devemos lidar com nossas necessidades pessoais e decidir e agir como ele fez: "[...] e eu aqui, morrendo de fome! Eu me porei a caminho e voltarei para meu pai [...]" (Lucas 15.17,18). Ele disse: "Eu me porei a caminho" — portanto levantou-se e voltou para o pai.

Você deve pensar da mesma forma, porque Deus enviou seu Filho ao mundo para salvar você!

Insisto aqui para que você tenha um pouco de fé a respeito de si mesmo e fico quase receoso de dizer isso porque alguém me enviará uma carta me criticando e censurando.

Não estou pedindo que tenha fé *em* si mesmo. Estou apenas insistindo em que é certo mostrar fé *a respeito de* si mesmo, fé em Cristo e no que ele lhe prometeu como pessoa individual.

Isto é, você precisa acreditar que é aquele a quem Cristo se referiu quando disse: "Venha para casa".

Creia que ele se referiu a você

Toda a fé que você possui a respeito de Deus não terá nenhum valor, a não ser que se disponha a acreditar que ele se referiu a você — a você mesmo — quando disse: "Deus tanto amou que deu seu Filho a você!".

O filho pródigo poderia ter dito em termos gerais: "Quando alguém está faminto e pronto para perecer, pode retornar à casa do pai". Mas ele disse: "Sou eu que estou faminto. É para mim que meu pai tem uma completa provisão. Eu me porei a caminho e irei!".

O Deus de amor espera que cada um de nós tome uma atitude pessoal e uma decisão: "Eu me porei a caminho e irei para casa para receber a provisão na casa de meu Pai". Se você tomar essa decisão pessoal de fé em Jesus Cristo, crendo no fato de que é você que Deus realmente ama e deseja perdoar, essa atitude significará mais para você do que imagina — algo belo e eterno.

Encerro lembrando a você também como indivíduo que a incredulidade sempre encontra três árvores atrás das quais hesita e se esconde. São elas: Outra Pessoa. Outro Lugar. Outra Hora.

Ouvimos alguém pregar um sermão de apelo a respeito de João 3.16 e corremos até o jardim para nos esconder atrás dessas árvores.

"Claro que é verdade", dizemos, "mas é para Outra Pessoa".

Se houvesse Outro Lugar ou Outra Hora, talvez você se dispusesse a vir.

Não importa se você entendeu a gramática certa ou o tempo verbal adequado: nosso Senhor agrada-se de ouvir esta sua confissão: "Sou eu, Senhor! Sou eu o motivo, a causa e a razão que te fizeram vir à terra para morrer".

Essa é a fé positiva e pessoal em um Redentor pessoal — e é isso que salva você. Dou-lhe minha palavra que, se você se apressar em apresentar-se, tal como é e com fé em Jesus Cristo, o nosso Senhor não se preocupará em saber se você conhece ou não toda a teologia do mundo!

CAPÍTULO 8

A atribuição divina

Surgiu um homem enviado por Deus [...] *para testificar acerca da luz* [...]. (João 1.6,7)

Confesso que me vejo sempre voltando à mensagem e ao ministério de João Batista, porque o registro bíblico deixa muito claro que esse homem João foi *um homem enviado por Deus.*

Ao analisar a Escritura, penso que não teríamos problema se eu dissesse que João Batista foi o maior de todos os profetas. Nosso Senhor Jesus Cristo fez uma avaliação muito clara e reveladora da grandeza desse João em Lucas 7.28a: "Eu digo que entre os que nasceram de mulher não há ninguém maior do que João; todavia, o menor no Reino de Deus é maior do que ele".

Não posso deixar de fazer-lhe uma pergunta aqui: como você acha que a Igreja cristã, como a conhecemos hoje, lidaria com João Batista se ele estivesse em nosso meio?

Provavelmente, nossa geração decidiria que tal homem deveria ser absolutamente orgulhoso pelo fato de Deus tê-lo enviado. Insistiríamos para que ele escrevesse livros e fizesse um filme documentário, e os líderes dos seminários fariam fila para escalá-lo como palestrante convidado.

No entanto, naquela geração longínqua da humanidade a quem o Filho eterno de Deus se apresentou como Salvador sofredor e Senhor vivo, João Batista afastou-se

O FILHO DO HOMEM

alegremente para permitir que Jesus, o Cristo, o substituísse de maneira total.

Este foi seu exemplo: em vez de insistir em reconhecer que era um homem enviado por Deus, ele apontou para Jesus dizendo que Jesus era a Luz verdadeira e disse com humildade genuína: "'[...] não sou digno de desamarrar as correias de suas sandálias" (João 1.27).

Esse era João Batista, e, quando seu ministério terminou, Jesus veio. Foi então que João Batista disse a todos os que o ouviam: "Vejam! É o Cordeiro de Deus" (v. 29). Desviou o olhar de todos para Jesus. E depois? João Batista desapareceu de cena.

Na verdade, João Batista jamais se encaixaria na cena religiosa de nossos dias — jamais! Ele não usava ternos bem passados. Não era cuidadoso para escolher palavras que não ofendessem os outros. Algo me diz que João Batista não citou belas palavras escritas por poetas.

Ajustado ao tempo

Alguns psiquiatras de nossa época teriam dado este rápido aviso a João Batista: "João, temos observado você, seu modo de viver, seu modo de falar e seu modo de vestir. João, você deveria ajustar-se ao tempo e à sociedade!".

Vou dar minha opinião aqui. Se um médico me examinar e disser que eu preciso "me ajustar", pego meu chapéu e vou embora. Não sou máquina e não preciso que ninguém tente me ajustar.

Ajustar — essa é uma das palavras modernas que passei a detestar. Só se tornou uma expressão de linguagem usada para falar de seres humanos depois que nos esquecemos de que temos uma alma e começamos a pensar em nós somente em termos materiais. Então, quando homens como John B. Watson começaram a dizer que, além de não ter alma, o homem não tem mente, e que, na verdade, pensa com os músculos do intestino, a necessidade de ajuste pessoal nos foi explicada. Desde então, surgiram homens esquisitos com "chaves de fenda" mentais para ajustar as pessoas, apertando algumas um pouco mais e afrouxando outras um pouco mais.

Meus irmãos, João Batista não convidou as pessoas a se ajustarem — ele pregou o arrependimento.

João Batista não convidou as pessoas a se sentarem com ele para uma especulação religiosa. O Batista não tinha medo de pregar a respeito do pecado e sabia que a especulação religiosa é perversa porque deixa o pecado na vida completamente à vontade.

A especulação religiosa nunca lida com os pecados pessoais — aqueles pequenos demônios que corroem as partes vitais dos homens. São eles: narcisismo, hipocrisia, autoadmiração, autoestima e centenas de outros que se instalam no interior do homem.

Lembro-me de ter ouvido a história de um garoto chinês que estava aprendendo a falar inglês e tinha problemas com algumas palavras e expressões. Ao ser perguntado se sabia cozinhar ovos, ele respondeu com orgulho em inglês: "Sei fritar ovos e sei agitar ovos".[1]

Bom, ovo mexido é um ovo que foi agitado. Admitimos isso. Nosso problema humano é que podemos falar de

---

[1] No original, "I can fry them or I can disturb them". O verbo "disturb" é aplicado no sentido de fazer ovos mexidos. [N. do T.]

religião durante anos sem ter nenhum sentimento de culpa ou agitação interior. Nunca permitimos que Deus nos "agite", que tome posse de nosso coração e nos incomode com nosso pecado. Achamos muito difícil tirar a tampa e permitir que Deus veja o mais profundo de nosso interior.

João Batista proclamava uma mensagem direta e espiritual e pregava por decisões e resultados. Tenho certeza de que em nenhum ponto de seu ministério ele convidou um grupo de questionadores para se reunirem em torno de uma discussão sobre seus problemas.

Ora, isso certamente me dá a oportunidade de assumir uma daquelas posições radicais que sempre devo adotar. Posso também colocá-la em prática porque concordo com ela.

Uma religião de discussão em grupo

Estou muito preocupado com o fato de o cristianismo tornar-se uma religião de discussão em grupo. O problema é que as pessoas de hoje se reúnem para discutir religião, não para se arrepender.

Eu não daria a você 50 centavos por grupo para discutir todos aqueles assuntos religiosos que foram programados ao longo deste ano inteiro. Você tem um moderador, e ele quer saber o que cada um pensa; e, quando tudo termina, vemos que acabamos de participar de um jogo. Ficamos jogando peteca na quadra, mas o nosso coração não participou do jogo.

Sou de opinião que cinco minutos de joelhos na presença de Deus em completa sinceridade farão você aproximar-se mais do Senhor e mais da verdade que em todas as discussões em grupo do mundo. Quanto mais nos afastamos da cruz e quanto mais nos afastamos do arrependimento, mais queremos participar de reuniões e discussões em grupo.

Creio que o Senhor me perdoará, porque faço parte de alguns deles. Quero declarar neste momento e avisar que ninguém conseguiu nada com isso.

Espero que você aceite esta sugestão porque vale a pena. Se alguém sugerir que você discuta religião com ele, recomendo que diga: "Vamos orar!".

Sei que, quando as pessoas se aproximavam do dr. A. B. Simpson para perguntar: "Dr. Simpson, o que o senhor quer dizer com tal e tal ensinamento?", ele costumava responder: "Vamos curvar a cabeça. Vamos orar juntos". A discussão terminava por aí, porque você não pode discutir com um senhor idoso e consagrado que está derramando o coração a Deus em sua presença.

Oh, irmãos, quantas lições poderíamos aprender com a vida e o ministério de João Batista se estivéssemos dispostos a ser incomodados, querendo que Deus ponha um desejo espiritual em nosso coração.

É certo que a grandeza desse homem chamado João Batista não estava dentro dele, nem dentro de sua capacidade. Sua grandeza estava na importante posição que ocupava e no grande privilégio de ser um homem enviado por Deus. A posição de João Batista era maior que a de João [o evangelista] em razão do que Deus estava fazendo na plenitude do tempo.

Por outro lado, Elias foi maior que sua posição porque não tinha uma posição. Não é difícil ser maior que uma posição que você não ocupa.

Você deve achar que nós dois estamos confusos a esta altura, mas pense que o assunto ficará mais claro à medida que prosseguirmos.

O FILHO DO HOMEM

A Bíblia diz que Abraão viu o dia de nosso Senhor e alegrou-se.[2] Mas João Batista viveu nos dias de nosso Senhor, o que fez dele maior que Abraão.

Davi tocou sua harpa e cantou a vinda daquele que seria ferido e perfurado,[3] mas que ressuscitaria e cantaria entre seus irmãos. No entanto, João Batista estava presente quando ele veio. Ele o viu e o conheceu.

Isaías profetizou sobre aquele que viria, nascido de uma virgem; aquele que comeria coalhada e mel e cresceria como uma raiz saída de uma terra seca.[4] Mas João Batista o reconheceu, tocou nele e batizou-o. Seu privilégio foi maior.

Motivos para João Batista ter sido maior

Malaquias disse que o Senhor viria de repente para o seu templo e se assentaria como purificador de prata,[5] mas João Batista entrou naquele templo. Podemos apresentar uma aplicação da visão de Malaquias daquele que viria como uma referência à segunda vinda de Cristo. No entanto, aquele mesmo purificador de prata estava presente, e João Batista o viu e o reconheceu e, em certo sentido, foi o precursor de seu ministério aqui na terra.

Há bons motivos para eu dizer que o privilégio de João Batista foi maior que o de qualquer outro homem.

O primeiro está no fato de que João Batista foi um homem verdadeiramente enviado por Deus. Os evangelistas Mateus e Marcos falam de João Batista, mas não mencionam

2   V. João 8.56. [N. do T.]
3   V. Salmos 22.16. [N. do T.]
4   V. Isaías 7.15. [N. do T.]
5   Cf. 3.1,3. [N. do T.]

detalhes a respeito de sua vida. Lucas escreve sobre ele, apresentando seu histórico familiar, descrevendo quem eram seus pais, bem como o milagre de seu nascimento.

João [o evangelista], porém, vai um pouco além, dando mais destaque, como sempre parece fazer, aprofundando-se na grandeza essencial de João Batista como homem enviado por Deus. O evangelista possuía discernimento especial e visão penetrante. Outros poderiam dizer que João Batista foi o maior, o mais sábio, o mais forte ou o mais eloquente.

No entanto, o apóstolo João testifica que esta era a grandeza de João Batista: ele foi um homem enviado por Deus!

Com isso, digo que ele notou a verdadeira marca de excelência, porque João Batista não podia ter recebido honra maior. Para João Batista, essa não foi apenas uma honra indescritível; foi também um tesouro para o mundo.

Você sabe que nunca me canso de falar sobre o uso da mente que Deus lhe deu. Você costuma sair sozinho para pensar e meditar em algumas das maravilhas de Deus?

Quando estou no trem ou na estação, aguardando a chegada de um, noto que muitas pessoas passam o tempo fazendo palavras cruzadas. Muitas parecem ser inteligentes, mas duvido que sejam, se eu decidir julgar o que elas estão fazendo com o tempo.

Entretanto, não quero que você fique zangado comigo. Se você gosta realmente de palavras cruzadas, acho que está tudo certo. Também acho que está tudo certo se você quiser chupar seu polegar. A questão é que existe algo que podemos fazer com nosso tempo e com nossa mente, algo muito melhor que palavras cruzadas.

Recomendo como exercício mental que você tente pensar no que o mundo seria hoje se João Batista não tivesse

O FILHO DO HOMEM

existido e exercido seu ministério. Vá um pouco além e tente pensar no que o mundo seria se o Senhor Jesus nunca tivesse vivido em nosso meio. Pense no que o mundo seria hoje se não houvesse nenhuma igreja do Primogênito.

Pense no mundo sem eles — e depois tente juntar as peças do mundo sem eles. Eu lhe garanto que será um exercício de valor histórico e espiritual que excederá infinitamente qualquer quebra-cabeça que você imagine ser capaz de montar.

O que estou dizendo é que a vinda de João Batista, o envio desse homem de Deus, foi uma bênção inestimável, um tesouro indescritível para o mundo.

Ah, Deus envia homens como João Batista, para honrar o mundo como ele faz, mas também para oferecer um exemplo e uma lição espiritual para todos os homens. Acredito nisso; sempre acreditei.

Você não pode negar que a vida e a vitalidade da igreja cristã estão na liderança espiritual de homens ungidos pelo Espírito Santo. Ouso dizer-lhe que há perigo na democracia exagerada na vida da igreja.

Tenho certeza de que alguns de vocês que possuem um forte histórico batista vão se encolher como uma folha queimando no outono ao me ouvir dizer isto, mas está tudo certo: eu também sou meio batista!

No entanto, não acredito que Deus espera que a igreja cristã prospere, amadureça e cresça simplesmente com base em simples princípios democráticos. Se você olhar ao redor, descobrirá que até aqueles que defendem a democracia na política de sua igreja nunca vão muito longe, a não ser que existam líderes dentro da denominação que sejam homens ungidos e líderes fortemente espirituais.

A atribuição divina

Houve um homem enviado por Deus cujo nome era Noé, um homem justo, que construiu sozinho uma arca e salvou a si mesmo, salvou sua esposa e oito pessoas, e salvou a raça humana da extinção.

Houve um homem enviado por Deus cujo nome era Abraão. Procedente de Ur dos caldeus e, sem saber para onde ia, seguiu apenas a luz de seu coração e a visão ofuscada do Deus vivo. Abraão foi o fundador da nação judaica.

Houve um homem enviado por Deus chamado Moisés, que levou uma nação perdida nas trevas e no cativeiro do Egito a atravessar milagrosamente o mar Vermelho e chegar ao deserto, onde cuidou daquele povo, o acalentou e o alimentou durante quarenta anos.

Quando Moisés morreu, Deus enviou um homem cujo nome era Josué, que reuniu a nação como uma galinha ajunta seus filhotes e instalou Israel na terra que Deus prometera a Abraão, Isaque e Jacó.

Houve um homem enviado por Deus cujo nome era Davi. Ele arrancou as cordas sonoras de seu coração e colocou-as nas janelas das sinagogas por mil anos, para que os ventos da perseguição soprassem sobre elas, produzindo música para os adoradores judeus.

Quando o véu do templo foi rasgado e após a vinda do Espírito Santo, aquelas mesmas cordas da harpa arrancadas do coração de Davi foram dedilhadas nas janelas das igrejas; portanto, hoje em nossas igrejas não podemos cantar sem Davi cantar também. Em um sentido muito verdadeiro, o homem enviado por Deus cujo nome era Davi ensinou o mundo a cantar, e, desde então, continuamos a cantar as canções de Davi.

O FILHO DO HOMEM

Ah, houve um homem enviado por Deus cujo nome era Paulo, e outro homem cujo nome era Pedro. E muitos séculos depois, quando a Igreja estava enterrada sob os escombros e sedimentos do catolicismo romano, houve um homem enviado por Deus cujo nome era Lutero, e ele não temia ninguém. Trouxe a Bíblia de volta e traduziu-a para o sonoro e musical alemão.

Houve um homem enviado por Deus cujo nome era Simpson. Outro homem chamado Jaffray aliou-se a ele; os dois oraram juntos e levaram o evangelho cristão que ainda não havia chegado a grandes partes do mundo nas antigas gerações. Vá em frente. Pegue qualquer lista de sua predileção e os lugares onde os homens fizeram coisas grandiosas para Deus. Todos eles foram homens enviados por Deus.

Honras seculares

Em nossa sociedade humana, homenageamos muitos homens e mulheres pelos atos nobres que realizam.

Não há dúvida de que Winston Churchill exerceu um papel muito importante ao fazer Hitler e seus exércitos recuarem na grande guerra, e talvez tenha salvado o mundo ocidental da extinção. Em razão disso, ele foi chamado de *sir* Winston pelo resto da vida.

Sua missão foi importante, mas penso que ninguém chegou nem sequer a sugerir que *sir* Winston foi enviado por Deus.

Penso em outro notável inglês e, a respeito dele, acho que poderíamos dizer que houve um homem enviado por Deus cujo nome era John Wesley. Quando todos os registros forem escritos e o anjo de Deus os classificar e aprovar, creio que o homem enviado por Deus cujo nome era Wesley ocupará um lugar muito acima do homem que foi enviado pelo governo da Inglaterra, apesar de este último ter sido um grande estadista.

Espero que nossos jovens nunca se esqueçam de avaliar verdadeiramente quem merece honras e valor. Jovem, o presidente dos Estados Unidos pode convidá-lo para ir a Washington, nomeá-lo embaixador de seu país e atribuir-lhe uma importante missão em outras nações — mas seria muito, muito melhor se você fosse reconhecido, comissionado, autorizado e enviado por Deus para cuidar dos assuntos dele e para a glória dele.

Nenhum rei ou presidente tem autoridade e poder suficientes para conceder a maior de todas as honras — ser reconhecido, honrado e enviado por Deus!

A vocês, jovens, com sua energia, entusiasmo e potencial, faço um apelo: escolham os valores certos, escolham as ambições certas e tomem muito cuidado antes de escolher alguém como seu exemplo de vida.

O Deus todo-poderoso planejou que voássemos alto e longe com os mais puros motivos — e nos contentamos com coisas menores. Como é triste saber que nós, que recebemos uma espécie de propulsão celestial, cujo alvo são as estrelas e os planetas, degradamos tanto nossas ambições que queimamos e caímos com um baque um pouco acima de um arrozal. Lembre-se de que as honras que Deus concede são eternas e indeléveis.

Por que João Batista foi honrado

Quero dar-lhe alguns motivos pelos quais acredito que Deus poderia honrar João Batista na época em que ele viveu.

Primeiro, João Batista tinha a capacidade de viver e meditar a sós. Ele sabia o significado de quietude. Viveu no

O FILHO DO HOMEM

deserto até o momento de apresentar-se a Israel como profeta. Saiu da solidão para quebrar o silêncio como um toque de tambor ou de trombeta. As multidões afluíam — todos se reuniam para ouvir o homem que havia estado com Deus e que viera de Deus.

Em nossos dias, não podemos ficar em silêncio ou serenos o suficiente para esperar em Deus. Alguém começa a falar. Alguém começa a fazer barulho. João Batista, porém, preferiu o silêncio e havia amadurecido em uma espécie de escola especial com Deus, com as estrelas e com o vento e a areia.

Penso que é verdade que, quanto mais entendemos o nosso ser interior, menos necessidade temos de pessoas ao nosso redor. Se não existe nada em seu interior, você precisa compensar esse vazio cercando-se de barulhos sociais. Muitas pessoas vivem assim. Nunca praticaram a arte da quietude, da santa solidão.

Provavelmente, João Batista não tinha boas maneiras e não conhecia todas as etiquetas sociais, mas ele havia encontrado Deus no silêncio. Não acredito que devemos chegar ao ponto de dizer que a maioria de nós ouve a voz de Deus nos momentos de quietude.

A ação abrasiva da sociedade corroeu o caráter de muitos homens e reduziu o ser humano a nada mais que uma moedinha brilhante entre todas as moedas do mundo, brilhante por ter sido muito usada e manipulada. O homem perdeu todo o seu polimento, seu estilo. Perdeu todas as suas características próprias.

Não me impressiono com o ativo e frenético ganhador de almas que tem de sair de onde a ação está e "fazer alguns contatos para Jesus"!

A atribuição divina

Irmão, fique a sós com Jesus por alguns momentos; permita que seus joelhos toquem o chão e não tenha medo nem se envergonhe de permanecer ali por uns tempos. João Batista foi enviado por Deus; recebeu o treinamento correto em algum lugar na presença silenciosa de seu Deus.

João Batista possuía um segundo atributo abençoado por Deus: a simplicidade. Contentava-se em ser simples no vestir e no comer. Era simples em sua fé em Deus. Não tentava impressionar ninguém.

Um amigo contou-me que, quando participou de uma reunião de homens religiosos, um dos presentes levantou-se e disse: "Esta denominação precisa sair e começar a vangloriar--se do que faz!".

Oh, atribuir a nós a vanglória! Tão logo adotarmos essas ideias em nossos relacionamentos com Deus, ele lavará as mãos de toda essa confusão. Posso ouvi-lo dizer: "Que bando de fanfarrões. Não tenho nada que ver com eles!".

João Batista foi enviado por Deus e nunca se vangloriou disso. Apenas cumpria a vontade de Deus por onde andava.

Outra característica que João Batista possuía era o tipo correto de visão, um discernimento espiritual verdadeiro. Ele via as coisas como eram.

O Espírito Santo veio em forma de pomba, desceu como uma pomba, colocando seus pés rosados e desaparecendo no coração do Filho de Deus.

Eu gostaria de saber quem, no meio daquelas multidões, viu o Espírito Santo descer.

Somente João Batista. Penso que ninguém mais tinha a visão necessária para vê-lo.

O FILHO DO HOMEM

Sei que não estou falando de mágica; estou falando de uma revelação divina para uma causa específica, uma razão específica. João Batista disse:

> "Eu não o teria reconhecido se aquele que me enviou para batizar com água não me tivesse dito: 'Aquele sobre quem você vir o Espírito descer e permanecer, esse é o que batiza com o Espírito Santo'" (João 1.33).

João Batista foi um homem de visão no meio de homens que não possuíam visão. Ele sabia em que ponto estava em sua cronologia. O decorrer das horas ou a tendência do tempo na religião nunca o entusiasmou.

João teve coragem

Agora, mais um pensamento, e ele se refere à coragem. João teve coragem. Permaneceu ali e disse aos líderes religiosos de sua época: "Raça de víboras!" (Lucas 3.7).

Não há poesia ali, irmão. Nenhuma acomodação religiosa.

Quando conheço alguns cristãos de nossos dias que aparentemente não têm a coragem de enfrentar um camundongo vivo, concluo que poucos de nós somos "enviados por Deus". Não temos a coragem de ser diferentes. Não temos a coragem de correr o risco de perder alguma coisa — por amor a Jesus.

Que tipo de cristãos e que tipo de pregadores somos nós nos dias atuais? Pregadores com medo de perder nossa reputação. Com medo de perder a estima do público e receber críticas. Com medo de perder nossa influência ou "vantagem". Com medo de perder os amigos.

Permita-me dar-lhe um conselho espiritual sobre coragem espiritual. O Deus todo-poderoso chamou-nos para ser suas ovelhas; não fez nenhuma menção de camundongos, nenhuma.

Toda regra tem exceção, e a figura da ovelha não combina quando se trata de profetas, soldados e guerreiros em tempos de decadência e pecado.

Portanto, não fico nem um pouco surpreso quando, de vez em quando, Deus amarra o escudo e o broquel em uma de suas ovelhas e a faz ficar em pé nas duas pernas traseiras e, por meio de um milagre, transforma a ovelha em um leão feroz. É assim que Deus consegue para si um João Batista, um Martinho Lutero ou um Charles Finney.

Bem, irmãos, João Batista não queria nada para si próprio. Queria apenas viver para glorificar seu Deus. Reconhecia que não era o noivo: "Estar presente e ouvir a voz do noivo é tudo o que desejo".

Não necessito lembrá-lo de que o Deus de João Batista continua a ser o Deus de nossos dias. Nada mudou, e ele continua a buscar homens e mulheres nos quais encontre as mesmas características que marcaram João Batista.

Não estou dizendo que devemos nos embrenhar nas florestas, comer gafanhotos e mel silvestre e não receber instrução escolar. Seria uma tolice.

É dentro de nosso coração e de nosso ser que Deus procura e olha. É a nossa vida espiritual do coração que deve ser simples. É dentro de nosso coração que devemos meditar e permanecer em silêncio. É dentro de nosso ser que devemos ser corajosos e receptivos aos comandos de Deus.

Se existe algum momento no qual a Igreja necessita de homens corajosos de visão profética, esse momento é agora. Pregadores e pastores? Eles podem sair de nossas escolas como os automóveis saem da linha de montagem.

E os profetas? Onde estão?

Os homens simples, humildes e corajosos que estão dispostos a servir e esperar no Senhor em longos silêncios, que esperam ouvir a voz de Deus antes de sair pelo mundo, esses não aparecem com frequência. E, quando aparecem, desejam apenas glorificar o seu Deus e o seu Cristo!

CAPÍTULO 9

A essência da fé

Perguntou Nicodemos: "Como pode ser isso?". (João 3.9)

Temos todas as indicações nas Escrituras de que o relato do encontro de Nicodemos com o nosso Senhor Jesus Cristo antes de sua morte e ressurreição é muito importante no âmbito da fé cristã.

Dentre os bilhões de pessoas que vivem no mundo, dentre os milhões de judeus que vivem no mundo e dentre as dezenas de milhares que faziam parte da tradição dos fariseus, o Espírito Santo achou adequado permitir que um raio de luz penetrasse na cabeça de um homem — Nicodemos, o fariseu de Israel.

Passamos a entender que o Espírito Santo de Deus é estritamente econômico no uso de palavras na revelação divina. Por intermédio de João [o evangelista], o Espírito Santo dedicou o total de 21 versículos à história da visita de Nicodemos a Jesus; tomamos conhecimento do que ele disse a Cristo e do que Cristo disse a ele.

Isso sem levarmos em conta outras considerações, nos leva a acreditar que se trata de uma história de grande importância. Se não fosse importante, Deus não teria permitido seu registro.

Queremos, portanto, abordar o assunto com respeito, reverência e perguntas a serem respondidas.

Vamos analisar esse homem Nicodemos dentro do contexto da época e dos dias em que viveu. Ele era fariseu.

O FILHO DO HOMEM

Era membro da mais rigorosa seita na vida religiosa de Israel. Era fundamentalista por excelência e seguia o judaísmo em suas mais rígidas e estritas interpretações da letra da Lei.

Sabemos também que Nicodemos era uma autoridade em Israel como um dos 70 membros do poderoso Sinédrio, um tribunal não exatamente igual à nossa Corte Suprema, porém com algumas semelhanças, pois possuía poder executivo e judiciário.

Os membros do Sinédrio procediam de famílias privilegiadas de Israel. O sumo sacerdote era o presidente. Os antigos sumos sacerdotes continuavam membros do Sinédrio. Alguns anciãos e assessores legais também eram membros, além dos poderosos escribas da época. É interessante também que os membros do Sinédrio podiam ser fariseus ou saduceus, o que coincide em certo sentido com o fato de que os juízes da Suprema Corte de nossos dias podem ser republicanos ou democratas.

O registro da Bíblia deixa claro que somente um dos 70 membros do Sinédrio daquela época se preocupou em procurar ter uma conversa com Jesus de Nazaré, e esse um era Nicodemos. Ele atravessou o grande abismo que os separava naquele tempo.

Esse fato nos diz algo sobre a essência da fé?

Nicodemos visitou Jesus à noite, evidentemente tateando o caminho. Ele sabia com certeza o preço que teria de pagar por demonstrar um interesse sério na pessoa e no ministério daquele Jesus de Nazaré.

Sabia que os discípulos de Jesus haviam abandonado tudo, deixado tudo para trás. A fé que possuíam na causa de Jesus também teve um preço a ser pago por eles.

"Não lhe custará nada"

Em nossos dias, há uma tendência da parte dos entusiastas promotores do cristianismo de ensinar que a essência da fé é esta: "Venha e aceite Jesus. Não lhe custará nada. O preço já foi pago. Não lhe custará nada!".

Irmãos, essa é uma perigosa meia verdade. Há sempre um preço ligado à salvação e ao discipulado.

Alguns, porém, dirão: "Não é isso que os missionários ensinam no mundo inteiro? Eles não dizem: 'Venham! Tudo é gratuito. Jesus pagou tudo'?".

A graça de Deus é gratuita, e não há dúvida a esse respeito. Ninguém neste vasto mundo pode fazer um pagamento humano em favor da salvação ou do perdão de pecados.

Conheço bem os missionários e o suficiente para saber que eles nunca se dirigem ao povo de qualquer lugar do mundo com este simples ensinamento: "Você não precisa fazer nada. Sua fé em Jesus Cristo não lhe custará nada".

Tenho recebido uma revista pelo correio. Alguém a envia dentro de uma embalagem simples sem endereço para devolução. Gostaria que ele ou ela parasse de enviá-la.

O homem que edita essa publicação também prega no rádio e espalha esta filosofia: "Todos no mundo têm fé. Tudo o que vocês têm de fazer é deixar sua fé seguir na direção certa. Dirija sua fé a Cristo, e tudo dará certo!".

Ora, esse é realmente um erro de interpretação do que a Bíblia diz a respeito do homem, a respeito de Deus e a respeito da fé. É um erro de interpretação encorajado pelo próprio Diabo.

O apóstolo Paulo disse aos crentes com simplicidade e clareza que "a fé não é de todos".[1]

---

[1] 2Tessalonicenses 3.2. [N. do T.]

Na verdade, a fé é uma planta rara. Não é uma planta que cresce aleatoriamente pelo caminho. Não é uma planta comum que pertence a todos. É uma planta rara e maravilhosa que vive e cresce apenas na alma penitente.

Ensinar que todos têm fé e que você só precisa usá-la é simplesmente uma forma de humanismo disfarçada de cristianismo. Eu o advirto de que qualquer fé que pertença a todos é uma fé humanística, não a fé que salva. Não é aquela fé concedida por Deus a um coração quebrantado.

Penso que deve ter ficado claro para nós que Nicodemos, uma autoridade em Israel, sabia quanto lhe custaria consultar Jesus a respeito da fé, do plano de Deus e da vida eterna. Ele estava tateando o caminho.

O que os estudiosos dizem

Compartilho com você aqui algumas pesquisas e algumas especulações que os estudiosos e escritores nos apresentam a respeito daqueles anos da História que se seguiram à morte e ressurreição de Cristo.

Você deve entender que há um ponto de interrogação após essas especulações históricas, mas devemos saber o que os estudiosos sugerem.

Alguns acreditam que esse Nicodemos era Nicodemos Ben Gorian, irmão de Flávio Josefo, famoso historiador judeu. Dizem que esse Nicodemos era um dos três homens mais ricos de Jerusalém na época.

Seja um fato histórico, seja uma lenda, a história contada ao longo dos séculos diz que a filha de Nicodemos Ben Gorian chegou a ponto de recolher nas ruas de Jerusalém milho e outros grãos que caíam dos sacos de ração dos cavalos que por ali passavam. Ela pegava a quantidade que podia a fim de torrar e ter algo para comer.

Por que a filha do homem mais rico de Jerusalém chegou a passar fome dessa maneira?

Os historiadores sugerem que, quando Nicodemos decidiu seguir Jesus, o Cristo, a sociedade dominante na época confiscou tudo o que ele possuía. Sua propriedade foi confiscada, e ele passou a ser considerado a escória da terra.

Ficou bem claro que Nicodemos visitou Jesus à noite — e que, em consequência dessa visita, sua vida foi marcada por um amontoado de insultos e ofensas ao longo dos séculos. Mas ele foi tateando o caminho. Queria informações. Foi fazer perguntas. De nosso ponto de vista vantajoso no tempo, cremos que Nicodemos era espiritualmente sensível e que procurava respostas para as coisas de Deus que ele próprio não sabia.

Quero contar-lhe o que penso dessa visita a Jesus. Ela dá a entender que a alma do homem é concebida com extrema nobreza e nascida com extrema nobreza em um Universo tão poderoso e misterioso em si mesmo que ela nunca se satisfará com nada, a não ser com Jesus, o Cristo, o Filho eterno de Deus.

A visita de Nicodemos a Jesus sugere que apenas Jesus Cristo é suficiente; somente em Jesus Cristo há respostas adequadas às perguntas que os homens fazem a respeito de Deus e da eternidade, da vida, do perdão e da bênção.

Posso levantar-me e garantir-lhe sem nenhum constrangimento que, seja você quem for, agora ou no futuro, na morte ou no mundo que está por vir, você descobrirá que somente Jesus Cristo lhe basta.

O FILHO DO HOMEM

Ora, até onde sabemos, do total de 70 autoridades do Sinédrio na época da qual estamos falando, somente um se pôs a caminho para estar com Jesus e fazer-lhe perguntas a respeito da vida eterna e do Reino de Deus.

Por que Nicodemos foi o único? Ele estava separado de Cristo pelo mesmo grande abismo de tradição e prática religiosas que separava Jesus das outras 69 autoridades em Israel.

Nicodemos ocupava uma alta posição de autoridade, e Jesus era um carpinteiro comum que se tornou mestre.

Os homens do Sinédrio, por sua própria natureza, eram especialistas em preconceito religioso, ao passo que Jesus não passava de um fanático obstinado. A filosofia religiosa de Jesus era tão ampla quanto toda a Palestina, incluindo o Mediterrâneo.

Além de orgulhar-se de sua alta posição, Nicodemos teria herdado o forte preconceito que todo membro instruído do Sinédrio nutria por carpinteiros humildes e pescadores incultos.

Por que Nicodemos quis atravessar conscientemente aquele abismo?

Que poder misterioso poderia ter tomado conta da mente e da consciência do homem Nicodemos, não dos outros 69?

Será que, como homem, ele era simplesmente mais sensível à voz de Deus e às lutas interiores que Deus promovia dentro dele?

Você já me ouviu falar várias vezes sobre a graça preveniente[2] de Deus — aquela obra misteriosa e secreta de Deus na alma dos homens, que os faz se voltarem para ele, serem influenciados por ele e magneticamente atraídos a ele.

---

[2] Ou graça preventiva, graça redentora. [N. do T.]

É verdade incontestável que, se não existisse a obra preveniente que Deus realiza dentro do coração dos homens e das mulheres, jamais haveria conversões. Portanto, eu gostaria de saber se esse homem Nicodemos era simplesmente mais sensível a essa obra de Deus do que os outros 69.

Ah, você pensa que Deus escolheu Nicodemos, selecionou somente ele e deixou os outros 69 de fora?

Ninguém, nem depois de ler por mil anos a Bíblia da família, de capa a capa, me faria acreditar que Deus mostrou ser parcial. O coração de Deus que ansiava por Nicodemos ansiava também por todos os outros homens do Sinédrio.

Sensibilidade à voz de Deus

No entanto, somente Nicodemos foi — e talvez ele tenha ido por ser mais sensível à voz de Deus e ao Espírito de Deus.

Hoje, temos as mesmas condições em nossas igrejas. Estou falando neste momento de alguns de vocês que foram criados em um lar cristão. Foram criados na escola dominical. Seu primeiro dentinho nasceu quando vocês mastigavam a capa de um hinário, longe dos olhos de sua mãe.

No entanto, até hoje, vocês não se acertaram com Deus. Alguns de vocês fizeram uma espécie de meia profissão de fé, porém nunca se deleitaram no Senhor. O motivo é que lhes falta sensibilidade para ouvir a voz de Deus, e vocês não se importam em saber qual é a vontade de Deus. Se a voz e a preocupação do Espírito de Deus não provocarem uma comoção dentro de seu espírito todos os dias, vocês são cristãos medíocres — se é que são cristãos!

Acho que Nicodemos tinha uma sensibilidade dentro de seu espírito que o fez sair do lugar, agir e perguntar. Penso que ele deve ter sido mais receptivo aos impulsos espirituais que os outros líderes judeus de sua época.

Pense nesse homem: apesar de ser um fariseu rigoroso, membro do Sinédrio, amaldiçoado por assim dizer pelo orgulho da alta posição que ocupava e do preconceito e intolerância religiosas, ainda assim, ele revelou uma receptividade aos impulsos espirituais.

Irmãos, não me importo de lhes dizer que quero manter viva essa receptividade espiritual dentro de minha alma.

Prefiro perder uma perna e mancar pelo resto da vida a perder minha sensibilidade por Deus, por sua voz e pelas coisas espirituais. Oh, quero manter isso dentro de mim, dentro de minha alma!

Creio que existe algo mais a respeito desse homem Nicodemos: ele devia possuir uma humildade básica que os outros não possuíam.

Devo avisá-los de que há muitas pessoas entre nós que nunca se acertarão com Deus, por um simples motivo: jamais se humilharão!

Alguns não se humilham a ponto de ir à igreja onde a pregação é óbvia e o evangelho é rigoroso. Sabemos que existe isso aqui — nesta igreja em particular. Temos boa reputação — pagamos nossas contas em dia e ajudamos os necessitados, e muitos não vão para a cadeia por causa desta igreja.

No entanto, apesar disso, muitos do lado de fora pensam que somos excêntricos, um pouco fora do centro, dogmáticos demais no que refere às coisas de Deus. É preciso um pouco de humildade para apostar que existem pessoas tão sérias a respeito das prioridades espirituais que as do lado de fora chegam a pensar que necessitamos de ajuda psiquiátrica.

Bom, lembro a você que nosso Senhor Jesus Cristo tinha uma multidão ao seu redor o tempo todo. Ele era considerado um homem muito estranho em sua época, por isso aqueles que abriram mão de tudo para segui-lo foram também considerados muito estranhos.

Penso que Nicodemos deve ter tido um senso complacente de humildade para se aproximar de Jesus.

Orgulho humano

De fato, o orgulho é uma qualidade assustadora do ser humano; não apenas na época de Jesus, mas na nossa também.

Como exemplo, ouvi um noticiário no qual um dos funcionários do alto escalão da Índia estava tentando desculpar-se perante o mundo em razão de uma notícia internacional informando que os cristãos missionários estavam sendo impedidos de trabalhar na Índia.

"Quero que todos saibam que essa notícia não é verdadeira", ele disse. "Não estamos impedindo a propagação da doutrina cristã na Índia. Na verdade, entendemos que há, de fato, algumas pessoas pertencentes à casta baixa que acreditam nos ensinamentos cristãos."

Oh, que orgulho crescente devia estar na voz daquele funcionário ao fazer a declaração. E, quanto aos cidadãos desamparados e sem esperança da casta mais baixa de seu país, ele não interferiria no caminho deles se quisessem crer em Jesus Cristo.

A intolerância do orgulho humano — você a encontrará no mundo inteiro. Ela se banqueteia com quase tudo que seja capaz de engordá-la!

O FILHO DO HOMEM

Contra esse pano de fundo da visita feita por Nicodemos, eu gostaria de refletir com você sobre o exemplo de vários outros pertencentes a diversos níveis de vida e cultura e que se aproximaram de Jesus.

Havia um jovem rico de quem todos os que leem a Bíblia se lembram porque ele é considerado por muitos como um homem exemplar.

Ele possuía quatro coisas a seu favor, coisas que todos queriam possuir: riqueza e ética, posição e juventude.

Sou capaz de ouvir as mães em Israel citando aquele homem como exemplo para seus filhos: "Se vocês conhecem alguém com quem gostariam de parecer, escolham aquele rapaz rico como exemplo!".

Na mente da maioria das pessoas, elas tinham certeza de que teriam paz de espírito se ao menos fossem jovens, ricas, ocupassem posições importantes e vivessem de acordo com bons padrões morais.

No entanto, quando o jovem se aproximou de Jesus, sua primeira pergunta deu uma pista quanto à sua insatisfação com a vida: "Mestre, que farei de bom para ter a vida eterna?" (Mateus 19.16b).

Apesar de ser jovem, ele sabia que chegaria o dia em que murcharia, teria dificuldade de se locomover, tremeria por causa da idade e, por fim, se deitaria imóvel na cama da qual nunca mais se levantaria.

Sabia também que a riqueza não poderia ajudá-lo nessa fase. Sabia que perderia sua posição e que seu lugar seria preenchido por outra pessoa. Até sua ética não era a resposta suficiente para a vida que viria.

Ele percebeu que tinha de descobrir e encontrar algo que contivesse eternidade.

134

A essência da fé

Irmãos, quero dizer-lhes que, enquanto não nos convertermos de verdade a Cristo e enquanto a santidade de Cristo não entrar em nosso coração e em nossa vida, todos nós faremos parte de uma poderosa decepção: somos chamados a fingir que podemos ter paz de espírito interior e que podemos ser relativamente felizes e bem-sucedidos na vida se tivermos juventude, riqueza e ética e ocuparmos um cargo importante.

No sentido do que está se passando ao nosso redor, Davi nunca teve de desculpar-se por escrever que "ninguém merece confiança" (Salmos 116.11).

Todo o conceito humano de sucesso, felicidade e paz interior com base em quem somos e no que possuímos é completamente falso, conforme o jovem rico descobriu.

A palavra "eterno"

Há uma única palavra faltando nisso tudo, e essa palavra é "eterno".

Aquele jovem rico sabia, como todos nós sabemos, que não existe nenhuma pessoa viva que tenha juventude eterna ou riqueza eterna; que tenha retidão eterna ou uma posição ou domínio perpétuo.

A palavra "eterno" não está aí. O jovem rico descobriu que, dentro da capacidade de tomar decisões que Deus lhe dera, ele tinha de fazer uma escolha entre o que é temporário e o que tem valor eterno.

Pense comigo também no alto funcionário etíope, cuja história está registrada no capítulo 8 de Atos.

Observe o que ele poderia oferecer em termos humanos. Ele tinha grande autoridade, muito prestígio e uma religião adquirida. Tinha poder e autoridade por ocupar uma

135

O FILHO DO HOMEM

posição subordinada à rainha da Etiópia. Era um prosélito judeu, que passara pelos ritos religiosos que o converteram à religião judaica.

Havia ido a Jerusalém para participar de uma das festas religiosas de sua nova religião.

Era, porém, um homem discriminado, um homem ponderado, um homem não realizado.

O balançar dos incensários no ritual, o cantar dos sacerdotes, a suntuosidade das formas de adoração — nada disso fazia seu coração cantar, nada disso o levava ao ponto de regozijar-se e alegrar-se.

Quando, porém, o evangelista Filipe lhe falou de Jesus, quando ele teve um encontro com Jesus por meio da fé salvífica e ativa, os registros bíblicos nos contam que seguiu o seu caminho cheio de alegria.

Somente Jesus, o Cristo, o Filho eterno de Deus, é suficiente. O homem tem de enfrentar o fato de que religião não é suficiente — e nunca será.

Oh, é incrível como as pessoas religiosas querem fazer tantas coisas conosco. Começam com a circuncisão quando temos 8 dias de vida e terminam com os últimos ritos quando chegamos aos 108 anos de idade — e o tempo todo elas esfregam alguma coisa em nós, passam algo em torno de nosso pescoço ou nos obrigam a comer determinados alimentos ou insistem em que não devemos comer alimentos. Elas nos manipulam, nos criticam e massageiam suavemente nossa alma o tempo todo — e no final continuamos a ser o que somos. Somos apenas pecadores enfeitados e massageados — pecadores que não comeram carne ou, por outro lado, pecadores que comeram peixe.

Depois que a religião faz tudo o que pode, você continua a ser um pecador que foi ao templo ou não foi ao templo. Se frequentou alguma igreja, continua a ser um pecador que frequentou igreja. Se não frequentou nenhuma igreja, continua a ser um pecador que não frequentou igreja.

Medidos em qualquer direção e abordados a partir de qualquer ponto de vista, continuamos a ser pecadores se tudo o que possuirmos for aquilo que a religião nos ofereceu ou tentou fazer para nós. A religião pode nos incluir no rol de membros da igreja, nos educar, nos treinar, nos instruir e nos disciplinar; e quando tudo terminar haverá ainda algo dentro de nosso ser que gritará: "A eternidade está em meu coração, e não encontrei nada capaz de preenchê-la".

Portanto, você continuará a procurar e procurar o tempo todo até encontrar Cristo, porque somente Cristo é suficiente para satisfazer o anseio eterno de nossa alma.

Agora, pense comigo também em Lídia, no capítulo 16 de Atos.

Uma mulher de carreira

Lídia era uma mulher que conquistou o direito a uma carreira. Eu diria que ela nasceu fora do tempo, muito antes de haver leis e emendas pela emancipação das mulheres.

Tenho de dizer às mulheres de nossos dias que as libertamos para serem tão más quanto os homens — e tão infelizes quanto eles! Nós a libertamos para maldizer e praguejar, para contar histórias sujas e fumar cigarro. Nós as libertamos para definir sua própria moral, para fazer discursos políticos irritantes e, claro, para votar tão cegamente quanto os homens.

O FILHO DO HOMEM

Deus sabe que não posso fazer nada a esse respeito, senhoras. Vocês olham para mim e encolhem os ombros; passam rapidamente por mim e ocupam meu lugar no ônibus!

Bom, Lídia era uma mulher que certamente achava que havia encontrado liberdade e satisfação em uma época em que as mulheres não eram levadas em consideração; somente os homens eram importantes. Ela era vendedora de púrpura e transitava pelos países da época. Devia ser a mulher mais feliz de toda a Ásia Menor.

Na cidade de Filipos, à beira do rio onde algumas mulheres se encontravam no sábado para orar, Lídia ouviu o apóstolo Paulo falar da morte e ressurreição de Jesus Cristo, e o registro bíblico mostra que o Senhor abriu seu coração e, com alegria, ela passou a crer em Jesus e foi batizada.

Lídia disse a Paulo com humildade: "Se os senhores me considerarem uma crente no Senhor, venham ficar em minha casa" (Atos 16.15).

Essa era Lídia. Ela descobriu que sua carreira profissional, sua liberdade e seu talento careciam da palavra "eterno". Agora ela havia encontrado a resposta — a única resposta — em Jesus Cristo, o Filho eterno, o Salvador.

Natanael aproximou-se de Jesus e foi um caso interessante. O registro bíblico não nos oferece muitos detalhes a respeito dele, mas penso que poderíamos dizer que ele era um homem que sofria muitos preconceitos como qualquer homem que encontramos na rua.

Quando Filipe lhe disse que os discípulos haviam encontrado o Messias sobre quem o Antigo Testamento havia falado, Natanael deu esta resposta cínica: "Nazaré? Pode vir alguma coisa boa de lá?" (João 1.46).

138

A essência da fé

Veja, Natanael era um homem comum e simples que vivia dia após dia, mas vivia sob a sombra de sua condição humana e não podia fazer o Sol aparecer.

Quando, porém, se aproximou de Jesus e viu que Jesus o conhecia melhor que ele próprio, Natanael se viu de repente na luz radiante do Sol e confessou a Jesus: "Mestre, tu és o Filho de Deus, tu és o Rei de Israel!" (v. 49).

Verdadeiramente, o caminho do homem não está nele próprio, e foi isso o que o Espírito Santo disse. Somente Jesus Cristo, o Filho eterno, é suficiente.

Perguntamos por que apenas Nicodemos decidiu ir. Poderíamos perguntar por que o coração de Lídia respondeu, ao passo que muitas outras mulheres de sua época não tiveram nenhuma reação diante dos pedidos de Cristo. Por que Natanael respondeu ao apelo de Jesus naquele dia, quando tantos outros permaneceram indiferentes ou cheios de ódio?

Creio realmente na obra secreta e misteriosa de Deus no coração humano, bem no fundo do peito dos homens e das mulheres.

Penso que as mesmas perguntas poderiam ser feitas a respeito de meu testemunho de ter encontrado o perdão e a graça transformadora de Deus no Salvador, Jesus Cristo.

Havia algo em minha linhagem que quase poderia ser chamado de antirreligião. Moralidade até certo ponto — mas não religiosa. Atitudes que eram frias, terrenas, profanas. Posso dizer isso de meu pai e de minha mãe. Altos padrões humanos, moralidade — mas com o pensamento totalmente afastado de Deus. Era bem provável que Deus não existisse. Aparentemente, meus pais não possuíam a chama do desejo de buscar Deus.

Você poderia me explicar por que eu, um rapaz de 17 anos de idade, cercado de incredulidade, 100%, encontrei o caminho até o sótão da casa de minha mãe, ajoelhei-me e entreguei meu coração e minha vida inteiramente a Jesus Cristo? Você poderia me dizer como consegui me converter de modo profundo e completo sem ajuda de ninguém da outra parte? Em meu caso, quando depositei minha fé em Jesus Cristo, não havia um único ser humano para me ajudar. Não havia ninguém com um Novo Testamento todo anotado para me mostrar como é fácil. Não havia nenhum amigo para colocar o braço sobre meu ombro e orar comigo.

Não tenho uma resposta para o "por quê?". Posso apenas testificar que minha conversão a Jesus Cristo foi tão real quanto a conversão de qualquer outro homem. Explique-me por quê. Não sei o porquê. Só posso dizer que sei que existe uma obra secreta de Deus no ser humano que tem a sensibilidade de ouvir o chamado de Deus.

Oh, homem, se você sentir o cutucão de Deus no peito, será um homem muito feliz. Que privilégio maravilhoso e misterioso é sentir o cutucão de Deus em seu peito e ouvir o sussurro secreto que poucos homens ouvem; estar na lista preparada por Deus, estar na lista ativa de Deus para ele realizar a obra em seu interior.

Meu companheiro, faça alguma coisa a esse respeito. Lembre-se: milhares de homens trabalham onde você trabalha — e talvez você tenha sido o único a sentir aquele cutucão. Deus deseja alcançar todos eles, mas eles não lhe dão ouvidos. Não ouvem e matam o chamado de Deus dentro deles.

Se esse cutucão continua vivo em seu coração, agradeça a Deus e siga a luz — "Vem, alma oprimida pelo pecado, e com o Senhor encontrarás misericórdia".

CAPÍTULO 10

O dom da vida eterna

[...] assim também é necessário que o Filho do homem seja levantado, para que todo o que nele crer tenha a vida eterna. (João 3.14,15)

Há algumas coisas tão insignificantes na vida humana que nunca sentimos falta delas se não as possuirmos. Outras, mesmo aquelas que consideramos normais, são tão importantes que, se não tomarmos posse delas e as agarrarmos por toda a eternidade, sofreremos perda e angústia irreparáveis.

Quando chegamos à pergunta sobre nosso relacionamento com Deus por meio dos méritos de nosso Senhor Jesus Cristo, aproximamo-nos de uma daquelas áreas que, no mais alto grau, é verdadeiramente uma questão de vida ou morte.

Trata-se de um assunto tão importante para todo ser humano que vem ao mundo que, no princípio, fiquei indignado e agora fico triste quando tento dar um conselho espiritual a uma pessoa que me olha nos olhos e diz: "Estou tentando decidir se aceito Cristo ou não".

Tal pessoa não demonstra nenhum sinal de que está falando sobre a decisão mais importante que ela pode tomar na vida — uma decisão de acertar-se com Deus, crer no Filho eterno, o Salvador, tornar-se um discípulo, uma testemunha obediente a Jesus Cristo como Senhor.

Como é possível que um homem, ou uma mulher, perdido e derrotado, pecador e insignificante, afastado de Deus,

O FILHO DO HOMEM

firme uma posição e dê a entender que a morte e a ressurreição de Jesus Cristo e o plano de salvação revelado por Deus não têm prioridade sobre algumas outras decisões na vida?

Ora, a atitude particular revelada aqui sobre "aceitar Cristo" está errada porque dá a ideia de um Cristo de chapéu na mão, aguardando do lado de fora o nosso julgamento humano.

Conhecemos sua Pessoa divina, sabemos que ele é o Cordeiro de Deus que sofreu e morreu em nosso lugar. Conhecemos todas as suas credenciais. No entanto, nós o deixamos do lado de fora como se fosse um pobre coitado à procura de trabalho.

Nós o olhamos de alto a baixo, depois lemos mais alguns versículos devocionais e perguntamos: "O que você acha, fulana? Devemos aceitá-lo? Tenho cá minhas dúvidas".

Assim, nessa ideia, nosso "pobre" Senhor Cristo permanece de chapéu na mão, andando um pouco mais à procura de outro emprego, sem saber se será aceito.

Enquanto isso, lá está o orgulhoso pecador adâmico, fétido como o Diabo e com o corpo tomado pela lepra e pelo câncer espirituais. Mas continua hesitante; está julgando se vai ou não aceitar Cristo.

Fazendo Cristo esperar

Será que aquele ser humano orgulhoso sabe que o Cristo que ele está fazendo esperar é o Cristo de Deus, o Filho eterno que segura os mundos nas mãos? Será que ele não sabe que Cristo é a Palavra eterna, o Jesus que fez os céus e a terra e tudo o que neles há?

Ora, aquele que aguarda pacientemente o nosso julgamento humano é aquele que segura as estrelas nas mãos. Ele é o Salvador, Senhor e cabeça de todas as coisas da Igreja.

Será por sua palavra que os túmulos devolverão os seus mortos, e os mortos sairão, vivos para sempre. Por sua palavra, o fogo explodirá e queimará a terra, e os céus, as estrelas e os planetas serão varridos como uma roupa.

Ele é o Único, o Poderoso!

Ele ainda está lá, enquanto nós, prendedores de roupas vivos — é o que parecemos e é o que somos —, decidimos se o aceitaremos ou não. Não há nada mais grotesco.

A pergunta não deve ser se eu o aceitarei; a pergunta deve ser se ele me aceitará!

No entanto, ele não faz essa pergunta. Já nos disse que não devemos nos preocupar nem perturbar nossa mente com isso. "[...] quem vier a mim eu jamais rejeitarei" (João 6.37).

Ele prometeu receber-nos, embora sejamos insignificantes e pecadores. Mas a ideia de fazê-lo esperar enquanto apresentamos o veredicto que dirá se ele merece que o aceitemos é uma calúnia horripilante — e devemos nos livrar dela!

Penso, porém, que devemos voltar à premissa original de que nosso relacionamento com Jesus é uma questão de vida ou morte para nós.

A média das pessoas com um mínimo de instrução recebida na igreja ou na escola dominical geralmente considera duas coisas como naturais, óbvias, sem argumentar.

A primeira é que Jesus Cristo veio ao mundo para salvar os pecadores. Isso está declarado especificamente na Bíblia e está declarado com outras palavras, mas com o mesmo sentido, em todo o Novo Testamento.

Se fomos criados em uma igreja evangélica, também é comum aceitarmos como óbvio o segundo fato: somos salvos pela fé somente em Cristo, sem nossas obras e sem nosso mérito.

O FILHO DO HOMEM

Estou discutindo esses dois pontos básicos com você porque muitas pessoas os aceitam como naturais, creem que são verdadeiros, e ainda perguntam: "Como posso saber que tenho um relacionamento com Jesus e que estou salvo?". É melhor encontrarmos a resposta, porque se trata de um assunto de vida ou morte.

O fato de que Cristo Jesus veio ao mundo para salvar os pecadores é algo consumado. Não necessita de nenhuma prova. É uma realidade — embora o mundo não esteja salvo!

Exatamente aqui nos Estados Unidos, em nosso bairro, milhares e dezenas de milhares de pessoas ainda não foram salvas.

O fato de que Cristo veio para salvar os pecadores não é suficiente — o fato em si não pode nos salvar.

Um amigo ou vizinho poderá nos dizer: "Frequento determinada igreja a vida toda. Fui batizado, fiz profissão de fé e todo o resto. Com isso, acho que tenho chance de chegar lá".

Meu amigo, suas chances não são tão boas assim — você nem sequer tem uma chance. Se sua relação com Jesus Cristo não for uma relação salvífica, você está andando por conta própria, sem guia e sem bússola. Não se trata de ter uma chance. Você está cometendo suicídio. Não é uma chance de dez vezes dez mil. É estar certo ou estar morto; neste caso, estar certo ou estar eternamente perdido.

Existem milhões de pessoas ao nosso redor que possuem conhecimento bíblico. Elas não conseguem contestar o fato de que Jesus veio ao mundo para salvar os pecadores. Chegam até a fazer piadas sobre os próprios fracassos e defeitos — não os chamam de pecados. Provavelmente, elas se desculpam por

144

não terem tomado uma decisão pessoal porque não são tão ruins como o fulano ou a fulana que moram na mesma rua.

O ponto principal é que essas pessoas são capazes de recitar João 3.16 ou citar palavras agradáveis, dizendo que o mundo inteiro necessita de um Salvador — e em um momento de ternura é comum surgir uma lágrima em seus olhos. Mas elas estão perdidos. Estão muito distantes de Deus. Sabem que não são convertidas porque conhecem alguém que aceitou Jesus Cristo, se converteu de verdade e teve a vida transformada.

Sim, todos sabem qual é a diferença. Sabem que não se converteram, mas preferem não ser informados sobre o destino do pecador após a morte.

Oh, tomara que aqueles homens e mulheres se preocupem a ponto de perguntar e descobrir como poderão ter um relacionamento salvífico com o Salvador, Jesus Cristo!

Três respostas

Agora, aproxime-se de um irmão cristão comum, um homem convertido, provavelmente professor substituto da escola bíblica, e pergunte a ele: "Como posso ter um relacionamento salvífico com Jesus Cristo que dê certo para mim?".

Provavelmente, ele lhe dará uma das três respostas ou as três. Se você me fizer essa pergunta, farei o mesmo, portanto não estou criticando ninguém. É simplesmente uma afirmação.

Você receberia a mesma resposta de Billy Graham e receberia a mesma resposta do leigo mais desconhecido e isolado do mundo que entregou a vida a Jesus Cristo.

Primeiro alguém lhe diria que se trata de uma questão de fé, que você deve crer no que Deus diz a respeito de seu Filho, como em Atos 16.31: "[...] 'Creia no Senhor Jesus, e serão salvos [...]'". Essa é a resposta bíblica que você receberia.

Então, a pessoa que respondeu à sua pergunta acrescentaria: "Existe também a disposição para receber Deus, como está escrito em João 1.12: 'Contudo, aos que o receberam, [até] aos que creram em seu nome, deu-lhes o direito de se tornarem filhos de Deus'".

Portanto, no evangelho de João você encontra o íntimo relacionamento pela fé de crer e receber.

Em nossos dias, porém, provavelmente você receberá uma terceira resposta, e é essa que analisaremos aqui. Se você perguntar a vários cristãos como ter esse relacionamento salvífico e abençoador com Cristo, é quase certo que receberá esta resposta: "Ora, basta aceitar Cristo!".

Permita-me dizer que não quero responsabilizar Deus por nada que eu faça ou diga a você. Tenho longas conversas com Deus, e ele sabe quão grato serei se ele me abençoar, me guiar e me usar para realizar algumas pequenas coisas para ele. Certamente Deus sabe que estou disponível desde que seja capaz de orar, pensar e dizer uma palavra boa em seu nome, enquanto eu viver.

O que estou dizendo sobre este assunto contemporâneo de "aceitar Cristo" não é um capricho. Na verdade, eu estava ajoelhado junto a um pequeno sofá em meu escritório no pavimento superior, ajoelhado ali com a Bíblia aberta, conversando com Deus e empenhado em me arrepender um pouco por livre e espontânea vontade — minha vontade.

Tudo isso me veio à mente de forma tão clara que fiz algumas anotações e disse: "Vou falar com as pessoas a respeito disto". Vocês são meus amigos, e eu lhes digo que talvez eu esteja introduzindo aqui algumas coisas que Deus não me disse, mas talvez vocês concordem que é melhor ouvir o esboço de um sermão que um homem recebeu enquanto estava ajoelhado do que saber que ele o recebeu em outro lugar.

Bom, é isso aí; uma resposta muito comum em nossos dias é que encontramos Cristo quando o aceitamos. Você descobrirá, quando eu terminar, que não estou sendo crítico. Provavelmente, nossas palavras nem sempre expressam o que o nosso coração sabe.

Não está na Bíblia

Talvez você se surpreenda, tanto quanto eu, quando fiz uma busca e descobri que a expressão "aceitar Cristo" não aparece na Bíblia. Não é encontrada no Novo Testamento inteiro. Procurei-a na *Strong's Exhaustive Concordance*. Os antigos editores trabalharam naquele volume por tanto tempo e com tanto esmero que não deixaram escapar nenhuma palavra.

A concordância de Strong mostra, sem sombra de dúvida, que a palavra "aceitar" nunca é usada na Bíblia no sentido de aceitar Deus ou aceitar Jesus como nosso Salvador.

Parece estranho que, apesar de não ser encontrada em nenhum lugar da Bíblia, a expressão "Você aceita Cristo?" ou "Você aceitou Cristo?" se tornou um chavão em nossos círculos de ganhar almas para Cristo.

Não estou tentando questionar nossas boas intenções. Tenho certeza de que uso essa mesma expressão várias vezes, mas tenho de admitir que ela não aparece em nenhum lugar na Bíblia.

As palavras "aceitar" e "aceitação" são usadas nas Escrituras de várias maneiras, mas nunca no sentido de crer em Cristo, receber Cristo para salvação ou ser salvo.

Minha preocupação a esse respeito é a sensação de que a "aceitação fácil" tem sido fatal para milhões de pessoas que não mais se ocupam de assuntos de fé e obediência.

É interessante notar que muitos grupos de obreiros, pregadores e evangelistas cristãos de toda parte estão pedindo um avivamento. A vida espiritual em muitas áreas parece estar em baixa, e em vários casos as pessoas estão passando adiante a ordem de "orar por avivamento".

No entanto, aqui há um aspecto estranho: ninguém parece parar para trazer à tona uma questão como esta: "Talvez necessitemos tanto de um avivamento porque, em primeiro lugar, não começamos do modo certo".

É por isso que tenho questionado o uso disseminado do chavão para ganhar almas: "Você aceita Cristo? Então, curve a cabeça e aceite-o!".

Não sei calcular o número, embora imagine que seja muito grande, de pessoas que foram conduzidas a esse tipo de experiência religiosa por uma formalidade fugaz de "aceitar Cristo", e muitas, muitas mesmo, ainda não foram salvas. Não têm um relacionamento salvífico genuíno com Jesus Cristo. Vemos os resultados ao nosso redor: em geral, elas se comportam como pecadores religiosos em vez de crentes nascidos de novo.

Esse é o motivo pelo qual há uma grande agitação em torno da necessidade de avivamento. Esse é o motivo pelo qual muitos estão perguntando: "O que está acontecendo conosco? Parecemos tão mortos, tão sem vida, tão apáticos em relação às coisas espirituais!".

Repito que cheguei à conclusão de que existem muitas, muitas pessoas entre nós que pensam ter aceitado Cristo, mas a vida, os desejos e os hábitos delas continuam os mesmos.

Você gostaria de examinar esse assunto um pouco mais de perto comigo?

Esse tipo de filosofia para ganhar almas, a ideia de que "aceitar Cristo" é a coisa mais fácil do mundo, permite que o homem ou a mulher aceite Cristo por um impulso da mente ou das emoções. Respiramos fundo e, com uma sensação emocional tomando conta de nós, dizemos: "Eu aceito Cristo".

Todos vocês sabem que há alguns exemplos muito evidentes de erros nesse método de conversão e novo nascimento.

Uma senhora cristã interessada em cuidar da vida de meninos e meninas vai ao parquinho onde centenas de crianças estão brincando e jogando. Na volta, ela diz com entusiasmo que conseguiu convencer um grupo de cerca de 70 crianças a parar de brincar e "aceitar Cristo no coração".

Uma ilustração

De fato, contaram-me que um grupo de pregadores e leigos reuniu-se na sala de refeições de um hotel. Quando a questão de ganhar almas foi levantada, um dos pregadores disse:

— É a coisa mais fácil do mundo, e vou fazer uma demonstração!

Quando o garçom se aproximou da mesa, esse irmão disse:

— Você pode me dar um minuto de atenção?

— Sim, senhor — respondeu o garçom.

— Você é cristão? — o pregador perguntou.

— Não, senhor. Não sou cristão.

— Gostaria de ser cristão?

— Bem... bem, nunca pensei muito nisso.

— Tudo o que você precisa fazer é aceitar Cristo no coração. Você o aceita?

— Bem, acho que... sim, senhor.

— Muito bem. Agora curve a cabeça por um momento.

Enquanto o garçom, que foi encurralado, pensa na sugestão que lhe foi feita, o ganhador de almas ora:

— Senhor, aqui está um homem que deseja aceitar-te. E ele te aceita neste momento como seu Salvador. Abençoa-o, Senhor. Amém!

O garçom recebe um caloroso aperto de mão, retorna ao seu trabalho e continua a ser o mesmo homem que entrou na sala.

No entanto, o pregador que fez a demonstração vira-se para o grupo e diz:

— Simples assim. Todos vocês viram como é fácil conduzir alguém a Cristo.

Penso que esses são assuntos a respeito dos quais precisamos ser legitimamente sinceros e para os quais precisamos buscar o discernimento do Espírito Santo. Espero que o garçom tenha tido mais bom senso que o reverendo, porque, se não teve, está perdido. Há coisas que não podemos nos permitir errar. E mais: errar é continuar perdido e afastado de Deus. Trata-se de uma questão de vida ou morte e eternidade.

Quando estamos considerando a importância de levar um ser humano a ter um relacionamento correto e salvífico com Jesus Cristo, não podemos errar.

Penso que há muito exagero e um grande equívoco ao tentarmos lidar com homens e mulheres dessa maneira superficial quando sabemos da grande importância da declaração de culpa, preocupação e arrependimento ao tratarmos de conversão, regeneração espiritual, nascer do alto pelo Espírito de Deus.

Seria um bom sinal se toda a Igreja de Cristo se levantasse e pedisse a Deus um novo modo de pensar a respeito deste assunto, suplicando coragem para considerar e analisar em que posição nos encontramos em nossos esforços para ganhar almas para o Salvador.

Não estou tentando diminuir o valor de ninguém que se esforça para ganhar almas. Apenas sou de opinião que somos muito negligentes, e há muitas artimanhas usadas para essa finalidade que são completamente indolores, não custam nada nem causam nenhuma inconveniência.

Algumas pessoas a quem aplicamos esse método "rápido e fácil" são tão despreparadas e tão ignorantes a respeito do plano de salvação que estariam dispostas a curvar a cabeça e "aceitar" Buda, Zoroastro ou o Pai Divino só para se livrarem de nossa interferência na vida delas.

Uma ilustração do Antigo Testamento

Volto os pensamentos para a época em que Deus estava lidando com os israelitas durante o cativeiro no Egito. Consideremos este suposto diálogo de Moisés com os israelitas:

— Vocês aceitam o sangue passado na viga superior e nas laterais da porta?

— Sim, claro. Aceitamos o sangue — eles respondem.

Moisés, então, diz:

— Muito bem. Adeus. Até mais.

Eles teriam permanecido no Egito, escravos pelo resto da vida.

No entanto, a aceitação do sangue foi uma decisão para agir. A aceitação do sangue da Páscoa significava que permaneceriam acordados a noite inteira, com o cinto no lugar,

O FILHO DO HOMEM

sandálias nos pés, cajado na mão, comendo a comida da Páscoa, prontos para obedecer ao comando de Deus. Então, ao som forte e mavioso da trombeta, eles se levantaram e partiram em direção ao mar Vermelho. Quando chegaram ao mar Vermelho, depois de terem agido com fé, Deus estava ali para segurar as águas do mar, e eles o atravessaram, para nunca mais voltar!

A aceitação levou-os a movimentar os pés na direção certa. A aceitação deu-lhes coragem para agir e demonstrar fé em Deus e em sua palavra.

Pense também no caso do filho pródigo no meio dos porcos, cercado de tanta sujeira, imundície e mau cheiro. Suponhamos que você se preocupou com ele, com suas roupas rasgadas e com sua fome.

— Tenho boas notícias para você — você lhe diz. — Seu pai o perdoará se você aceitar o perdão. Você aceita?

Ele olha de onde está, deitado no meio dos porcos, tentando aquecer-se, e responde:

— Sim, aceito.

— Você aceita reconciliar-se com seu pai e receber uma palavra de salvação?

— Sim, aceito.

— Ótimo. Muito bem. Adeus. Espero vê-lo novamente.

Você sai do chiqueiro. Deixa o filho pródigo na sujeira e imundície. Mas não é assim que acontece na história contada por Jesus em Lucas 15.

O rapaz estava na companhia de porcos e imundície, mas havia algo mexendo em seu coração e na sua mente, e ele disse consigo mesmo:

— Se eu quiser sair desta sujeira, vou ter de tomar uma decisão. Vou me levantar e voltar para o meu pai.

Acho que todos nós conhecemos a próxima frase: "Levantou-se e foi".

Lembra-se dela?

"Levantou-se e foi."

Para os judeus, aceitação significava estrita obediência daquele momento em diante. Para o filho pródigo, aceitação significava arrependimento ligado à aceitação.

Percebo que a palavra "aceitar" pode ser sinônimo da palavra "receber". Mas quero dizer-lhe o que significa aceitar Cristo e depois quero que você consulte seu coração e diga: "Será que aceitei Cristo de verdade? Aceito Cristo? Aceito-o totalmente?".

Quero dar-lhe uma definição de aceitar Cristo. Aceitar Cristo como, por exemplo, aceitar um relacionamento salvífico, é ter um vínculo com a pessoa de Cristo, um vínculo revolucionário, completo e exclusivo.

Estou falando de um vínculo com a pessoa de Cristo, e isso é muito importante. É algo mais que estar no meio de pessoas das quais você gosta. É algo mais que um encontro social com uma pessoa agradável que o deixa emocionado quando você segura a mão dela. É algo mais que misturar-se a um grupo que coloca o uniforme e joga beisebol nas noites de terça-feira.

Todas essas coisas são inofensivas, Deus sabe. Mas aceitar Jesus Cristo é mais do que associar-se a um grupo de sua predileção. Não é ir a um piquenique ou fazer uma caminhada. Temos essas atividades em nossa igreja e acredito nelas. Mas não são tão importantes quanto aceitar Jesus Cristo. A resposta que você procura em Jesus Cristo não significa misturar--se a um grupo religioso que talvez não esteja em melhor situação que você.

O FILHO DO HOMEM

Aceitar Jesus Cristo, receber Jesus Cristo em sua vida, significa que você formou um vínculo com a pessoa de Cristo, um vínculo revolucionário porque modifica a vida e a transforma completamente.

É um vínculo com a pessoa de Cristo. É completo porque não deixa nenhuma parte da vida sem ser afetada. Não deixa de fora nenhuma área da vida do homem; de seu ser total.

Esse tipo de vínculo com a pessoa de Cristo significa que Cristo não é apenas um dentre vários interesses. Significa que ele é um vínculo exclusivo como o Sol é o vínculo exclusivo da Terra. Assim como a Terra gira em torno do Sol, e o Sol é o centro e o núcleo dele próprio, também Jesus Cristo é o Filho da justiça, e ser cristão pela graça de Deus significa estar na órbita dele e começar a girar exclusivamente em torno dele.

No sentido de vida, desejo e devoção espirituais significam girar de modo completo e exclusivo — não parcial — em torno dele.

Isso não significa que não devemos ter outros relacionamentos — todos nós temos porque vivemos em um mundo complexo. Você entrega o coração a Jesus. Ele passa a ser o centro de sua vida transformada. Mas talvez você tenha uma família. É cidadão de um país. Tem um emprego e um patrão. Na própria natureza das coisas, você tem outros relacionamentos. Mas, pela fé e mediante a graça, você agora formou um relacionamento exclusivo com seu Salvador, Jesus Cristo. Todos os outros relacionamentos que você possui estão agora governados e determinados pelo seu único relacionamento com Jesus Cristo, o Senhor.

Jesus estabeleceu os termos do discipulado cristão, e há pessoas que criticam e dizem: "Essas palavras de Jesus são duras e cruéis". Suas palavras são claras, e ele estava dizendo a cada um de nós: "Se você tem outros relacionamentos na vida que são mais importantes e mais exclusivos que seu relacionamento espiritual com o Salvador eterno, então não é meu discípulo".

Primeiro, último e tudo

Aceitar Cristo é, então, nos vincular à sua pessoa santa; viver ou morrer, para sempre. Ele tem de ser o primeiro, o último e tudo. Todos os nossos outros relacionamentos estão governados, determinados e influenciados por nossa relação única e exclusiva com ele.

Aceitar Cristo sem reservas é aceitar os amigos dele como seus amigos a partir daquele momento.

Se você se encontra em uma região na qual Cristo não tem amigos, não tenha nenhum amigo, a não ser o Amigo que é mais apegado que um irmão.

Isso significa que você não fará concessões na vida. Não fará concessões a respeito de suas palavras nem de seus hábitos de vida.

Temos de confessar que descobrimos que há pessoas tão covardes que, quando estão no meio de um grupo que nega o Filho de Deus e desonra o nome santo de Jesus, são levadas a seguir na mesma direção. São cristãs? Cabe a você responder.

Cristão é alguém que aceita os amigos de Jesus como seus amigos e os inimigos de Jesus como seus inimigos por meio de um vínculo exclusivo com a pessoa de Cristo.

Tomei uma decisão muito tempo atrás. Aqueles que se declaram inimigos de Jesus Cristo devem considerar-me inimigo deles — não quero nada com eles. Mas, se são amigos de Jesus Cristo, são meus amigos, e não me importo com a cor deles nem com a denominação à qual pertencem.

Aceitar o Senhor significa aceitar seus caminhos como nossos caminhos. Aceitamos sua Palavra e seus ensinamentos como orientação para nossa vida. Aceitar Cristo significa que aceito sua rejeição como minha rejeição. Quando o aceito, aceito sua cruz de modo consciente e voluntário como minha cruz. Aceito sua vida como minha vida — de volta do mundo dos mortos, eu ressuscito para um tipo diferente de vida. Significa que aceito o futuro dele como meu futuro.

Estou falando da necessidade de um vínculo exclusivo com a pessoa de Cristo — é isso que significa aceitar Cristo. Se os pregadores dissessem às pessoas o que significa realmente aceitar Cristo, recebê-lo, obedecer-lhe e viver para ele, teríamos um número menor de convertidos, mas aqueles que assumissem o compromisso não cairiam nem naufragariam. Permaneceriam firmes.

Na verdade, os pregadores e ministros do evangelho de Cristo devem lembrar que vão passar pelo crivo do julgamento de Cristo e terão de dizer ao Salvador santo por que traíram seu povo dessa maneira.

No entanto, por favor, não saia por aí dizendo às pessoas que o sr. Tozer diz que você nunca deve dizer as palavras "aceite Cristo". Tenho tentado deixar claro que devemos sempre convidar os não cristãos a se aproximar de Jesus, recebê-lo em sua vida pela fé e obedecer-lhe; e aceitar Cristo como seu Salvador, se souberem o que isso significa — um vínculo exclusivo com a pessoa de Cristo.

Você sabia que muitos dos grandes pregadores e grandes evangelistas que comoveram o mundo, incluindo homens como Edwards e Finney no passado, declararam que a Igreja está sendo traída por aqueles que insistem em que o cristianismo é fácil demais? Oh, quantas pessoas têm sido traídas e levadas a pensar que se converteram quando tudo o que fizeram foi associar-se a um grupo religioso.

Eu diria francamente que sanidade moral exige uma definição nossa a respeito desse assunto, o mais importante de todos, uma definição de nosso relacionamento pessoal e salvífico com Deus. Pelo modo com que alguns de nós vivemos, não deveríamos ficar surpresos se um amigo ou irmão interessado perguntasse: "Somos cristãos verdadeiros?".

Em alguns grupos cristãos, os crentes ridicularizam e riem dos cristãos de outros grupos que de vez em quando se levantam e cantam as palavras de um hino antigo: "Amo realmente o Senhor ou não?".

Nenhuma pessoa séria deveria rir de um homem ou mulher sob a vasta extensão do céu, com a morte se avizinhando, que faz esta reflexão: "Meu Deus, eu te amo realmente ou não? Cometi o erro de ligar-me a uma religião sem sentido? Meu Deus, o que devo fazer para ser salvo?".

Seria melhor que muitos de nós começássemos a fazer perguntas hoje. Sabemos que seria melhor não tentarmos nos apoiar em nossa própria reputação.

Não há nada no mundo inteiro de mais valor e de maior significado que voltar para a família de Deus pela fé e mediante sua graça. Não há alegria que se compare àquela que Deus nos dá quando ele nos perdoa, nos purifica, nos restaura, nos salva e nos garante que o dom de Deus é verdadeiramente a vida eterna, a tantos quantos crerem!